Elisabetta De Luca

Neapel abseits der Pfade

ELISABETTA DE LUCA

Neapel

ABSEITS DER PFADE

Eine etwas andere Reise in die europäische Metropole am Mittelmeer zwischen Antike und Moderne

braumüller

Alle Rezepte stammen von Luigi Barbaro. Der Verlag dankt ihm für die Zurverfügungstellung und die Abdruckgenehmigung.

Bibliografische Information der Deutschen Nationalbibliothek
Die Deutsche Nationalbibliothek verzeichnet diese Publikation in der Deutschen Nationalbibliografie – detaillierte bibliografische Daten sind im Internet über http://dnb.d-nb.de abrufbar.

1. Auflage 2019

Servitengasse 5, A-1090 Wien
www.braumueller.at

Lektorat: Susanne Falk
Coverfoto: © Shutterstock | Freeday
Fotos: © Elisabetta De Luca
Andere Quellen: S. 17 © Elena De Luca; S. 65 © Antonio De Luca; S. 93 © Giorgio De Luca; S. 207 © Nadine De Luca
Basiskarten: S. 8, 9, 20, 36, 46, 72, 80, 90, 112, 126, 158 | © Commune di Napoli

Druck: FINIDR, s.r.o., Lípová 1965, 737 01 Český Těšín
ISBN 978-3-99100-274-1

Ich widme dieses Buch dem großen neapolitanischen
Schriftsteller und Philosophen Luciano De Crescenzo,
der mein Neapelbild geprägt und mir beigebracht hat,
diese Stadt mit den Augen der Liebe zu betrachten.

* * * * * * * * * *

Für meine geliebte Tochter Chiara
und meine Neffen Leonardo und Giacomo –
tre piccoli napoletani!

* * *

Per papà – un napoletano D.O.C.
e secondo la filosofia di Bellavista
un'uomo d'amore.

* * *

Per mia mamma –
sempre con amore.

* * *

Per tutta la mia famiglia
con grande affetto.

NAPOL

Inhalt

Vorwort 11

1. Das Land, wo die Zitronen blühn
Italien - ein Gefühl 15

2. Bella Napoli
L'Arrivo – Ankunft 21

3. Luciano De Crescenzo
Eine Liebeserklärung 37

4. Il centro storico
Antike Seele einer modernen Stadt 47

5. I napoletani
Die Menschen Neapels 63

6. Il napoletano
Sprache, Dialekt und Gebärden 73

7. Bella figura
Ganz Neapel eine Bühne 81

8. La cucina napoletana
Essen & Trinken 91

9. La spesa: Einkaufen in Neapel
Negozi, mercati e bancarelle 113

10. Passeggiata I
Ein Spaziergang durch die Vergangenheit 127

11. Passeggiata II
Kunst und Kultur auf Schritt und Tritt 159

12. Gite intorno a Napoli
Ausflüge rund um Neapel 167

13. Und zum Schluss: un caffè!
Per finire in bellezza 205

Quellen 210

Zeittafel 212

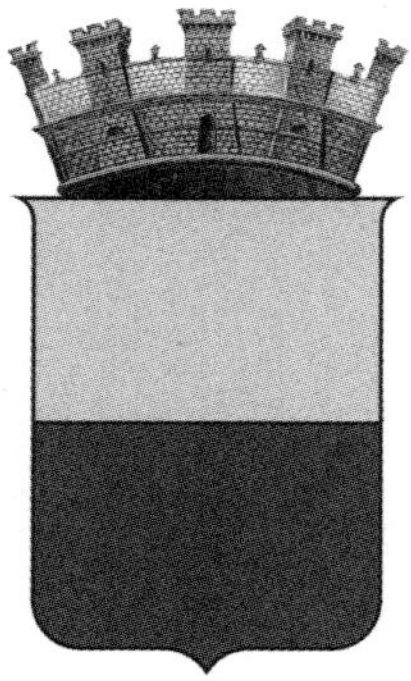

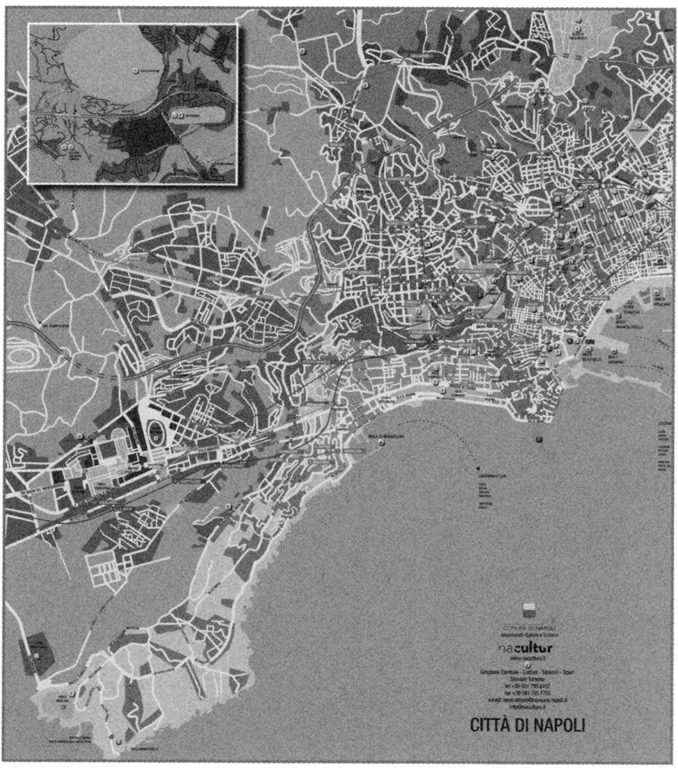

Città di Napoli

Centro Storico di Napoli

Vorwort

Man muss wahrlich dankbar sein, aus einer solch schönen Stadt wie Neapel zu stammen. Aber noch dankbarer muss man sein, wenn man die Möglichkeit hat, ein Buch über sie schreiben zu dürfen und damit aller Welt zeigen zu können, wie schön sie wirklich ist.

Jedoch war das nicht immer so. Unsere Mutter, eine stolze Wienerin, die einst mit uns aus Neapel in ihre schöne Heimat zurückgekehrt ist, um uns dem Chaos, dem Schmutz und der Kriminalität dieser Hafenstadt am Mittelmeer zu entziehen, hat meinem Bruder und mir ein etwas düsteres Neapelbild vermittelt. Sie, als emanzipierte Frau aus dem Norden, durchlebte in den 1960er-Jahren einen wahren Kulturschock, als sie in diese nahezu orientalisch anmutende Stadt kam. Daran konnte auch die uneingeschränkte Liebe unseres neapolitanischen Vaters zu ihr und seiner Heimat nicht viel ändern. Mit kritischem Blick beäugte ich jahrelang die Stätte meiner Kindheit aus sicherer und großer Entfernung, als mir eines Tages – es muss während meiner Gymnasialzeit in den 1980er-Jahren gewesen sein – erstmals ein Buch von Luciano De Crescenzo in die Hände fiel. Und von da an liebte ich Neapel!

Neapel ist eine sehr lebendige und auf den ersten (vielleicht auch auf den zweiten) Blick chaotische Stadt, die einen Besucher anfangs etwas irritieren kann. Auch wenn sie seit einigen Jahren – *ahimè!* – immer „europäischer“ wird.

Ihre Schönheit wird von vielen Dingen geprägt. Da ist einmal die herrliche Lage, ausgestreckt am Fuße des Vesuvs und direkt am Meer beheimatet! Im Hafen liegen Schiffe und Yachten aus aller Welt vor Anker und dazwischen, wie vor Hunderten von Jahren, kleine bunte Fischerboote. Eindrucksvolle Palazzi säumen die Straßen und erzählen von Jahrtausende dauernder Fremdherrschaft und verschiedensten Kulturen. Dazwischen verströmen – oftmals in prächtigen Höfen versteckte – Gärten mit Orangen- und Feigenbäumen sowie Palmen einen betörenden Duft. Außerdem ist dies die Stadt der tausend Kirchen. Es gibt nahezu keinen Platz und keine Straße, in der nicht mindestens eine Kirche, eine Kapelle oder wenigstens ein Heiligenstock steht. Tausende überladene Geschäfte und Hunderte bunte Märkte vervollständigen die Vielfalt dieser Metropole. Brunnen plätschern an jeder Ecke. Und dann noch der Verkehr!

Aber das, was die Schönheit und das Flair dieser Stadt wirklich ausmacht, sind ihre Menschen. Nirgendwo anders auf der Welt wird so viel geredet, gelacht, flaniert – gelebt! Die Menschen hier sind fröhlicher, herzlicher, hilfsbereiter, gastfreundlicher als anderswo. Ein besonders schönes Denkmal hat diesem Volk der Schriftsteller Luciano De Crescenzo gesetzt. Er ist für mich *der* Neapolitaner schlechthin. Kein anderer Künstler hat es je geschafft, die Seele Neapels so treffend zu erfassen, die Stadt und ihre Menschen so liebenswert darzustellen und weit über die Grenzen Italiens hinaus bekannt zu machen, wie er.

Bei den Arbeiten zu jedem meiner Bücher über Neapel habe ich immer wieder etwas Neues über meine Heimatstadt gelernt und bin neuen Menschen begegnet. Diesmal war es die Bekanntschaft mit Pietro Fusella, die mich besonders berührt hat.

Elisabetta e Papà, Napoli 1969

Er stammt aus einer alten neapolitanischen Familie und führt mit sehr viel Hingabe und Liebe zum Detail das charmante und außergewöhnliche „Hotel Chaija“ im Palazzo seiner Familie, der „L'antica Casa Lecaldano Sasso la Terza“, das – unweit der Reggia, also des Königspalastes gelegen – einst ein Freudenhaus für den neapolitanischen Adel war. 2003 machte er daraus ein kleines, aber feines Bed & Breakfast, wo er auch ganz besondere neapolitanische Literatur- und Musikabende veranstaltet.

Und genau solche Menschen wie er sind es, die dieser Stadt ihre unvergleichliche Seele einhauchen und ihr ein gewisses Flair verleihen.

Neapel ist eine komplexe Stadt und eine pulsierende Metropole. Dieses kleine Buch soll daher keinesfalls den Anspruch erheben, ein ganzheitlicher Reiseführer zu sein. Einen solchen habe ich vor fünfzehn Jahren schon einmal geschrieben. Das war vor allem harte Recherchearbeit mit vielen Öffnungszeiten, Telefonnummern und Internetadressen. Diesmal darf ich – dank dem Braumüller Verlag – einen wunderbaren Spaziergang durch meine Heimatstadt machen und sie Ihnen so zeigen, wie ich sie ganz persönlich sehe: *Bellissima!*

Aber worauf warten wir? Stürzen wir uns ins Getümmel der schönsten Stadt der Welt – Napoli!

1.
Das Land, wo die Zitronen blühn

„Kennst du das Land, wo die Zitronen blühn,
im dunklen Laub die Goldorangen glühn,
ein sanfter Wind vom blauen Himmel weht,
die Myrte still und hoch der Lorbeer steht."

Italien – ein Gefühl

Alles begann mit diesen Zeilen aus Goethes Roman „Wilhelm Meisters Lehrjahre", mit denen der Dichter im 18. Jahrhundert eine neue Italienbegeisterung entfachte, die bis heute anhält. Als Synonym des Paradieses auf Erden wurde „das Land, wo die Zitronen blühn" damit für die Menschen diesseits der Alpen zum Sehnsuchtsort schlechthin, der die Üppigkeit der Natur und pralle Lebensfreude verhieß. Über die Stadt am Fuße des Vesuvs meinte der deutsche Dichterfürst auf seiner „Italienischen Reise" gar: *„Neapel ist ein Paradies, jedermann lebt in einer Art von trunkener Selbstvergessenheit. Mir geht es ebenso, ich erkenne mich kaum, ich scheine mir ein ganz anderer Mensch."*

Leider hat sich Italien seither stark verändert. Industrialisierung, Globalisierung und Massentourismus haben ihre Spuren hinterlassen. Wenn man heute „vom Brenner talwärts steigt", empfangen einen längst nicht mehr Zitronen- und Feigenbäume, Maultiere und fröhliche „Obstweiber" mit Körben voll frischer Pfirsiche, sondern rauchende Schlote, Autobahnen und von der Jagd nach Wohlstand gehetzte Menschen mit ernsten Mienen. Das gilt zumindest für den Norden ...

Nicht so im Süden! Denn hier ist Italien auch heute noch jenes Fleckchen Erde, nach dem sich Generationen

Der Golf von Neapel vom Vomero aus gesehen

von Menschen seit Goethe (spätestens aber seit den Peter-Alexander-Schlagern, Caterina-Valente-Filmen und Conny-und-Peter-Schnulzen der 1950er-Jahre) sehnen! Von Rom abwärts lebt das irdische Paradies in der Kultur des *Mediterraneo* weiter. Hier glitzert das Meer nach wie vor strahlend blau. Hier duftet die Luft verheißungsvoll nach mehr. Und hier haben sich die Menschen ihre Lebensfreude bewahrt.

So wurde das Land rund um Neapel ob seiner Fruchtbarkeit schon seit den Zeiten der *Magna Graecia* als *Campania felix* (glückliche Landschaft) bezeichnet. Dank mangelnder Bodenschätze und Industrie wird es auch heute noch vorwiegend agrarisch genutzt. Und genau das scheint es vor der Zerstörung durch die Wirtschaft bewahrt und ihm sein ursprüngliches Aussehen sowie seinen einzigartigen Charme erhalten zu haben. Wenn man mit dem Zug von Mailand über Bologna, Florenz und Rom nach Neapel reist, kann man diese Veränderung in der Landschaft und den augenscheinlichen Unterschied zwischen Nord und Süd besonders gut beobachten. Nicht umsonst befinden sich von den 46 Kultur- und 4 Naturerbestätten Italiens, die von der UNESCO geschützt werden, der Großteil im Süden. Dazu zählt ob ihrer atemberaubenden

Schönheit, neben bedeutenden Kulturschätzen wie der *Reggia di Caserta* (das etwa mit Schönbrunn vergleichbare Schloss der Bourbonen) oder Naturschätzen wie der Costa Amalfitana, auch die Altstadt von Neapel.

Dementsprechend hoch sind hier auch heute noch Lebensqualität und Lebensfreude. Und dazu braucht der Neapolitaner nicht viel. Denn im Herzen ist er ein einfacher Mensch geblieben, dem Werte wie Familie, Essen und Natur besonders viel bedeuten. Dies zeigt sich zum Beispiel darin, dass Neapolitaner sich am liebsten unter freiem Himmel aufhalten. Das gesamte soziale Leben spielt sich im Freien ab. Schon in der Früh trifft man einander auf der *piazza*, um den ersten *caffè* des Tages gemeinsam mit den Freunden einzunehmen und über die neuesten politischen Ereignisse zu reden, ehe man zur Arbeit geht. Den Einkauf macht die Hausfrau auf einem der vielen *mercati*, wo das herrlichste regionale und saisonale Obst und Gemüse, frisch gefangener Fisch, unzählige Sorten von Oliven und sogar Dinge wie Waschpulver und Kochtöpfe angeboten werden. Was man für den Haushalt eben so braucht. Klatsch und Tratsch inklusive. Globale Supermarktketten wie im Norden, beispielsweise Despar oder Carrefour, haben da keine Chance.

Am Wochenende geht's dann mit der ganzen Familie an die Costa Amalfitana oder einen der vielen anderen Strände, wo man den Tag mit Baden, Bocciaspielen und Entspannen verbringt. Wer es sich leisten kann, fährt mit dem eigenen oder einem gemieteten Boot aufs Meer hinaus und stattet den Inseln Capri und Ischia einen Besuch ab, um in einer der Buchten vor Anker zu gehen und in einem der unzähligen kleinen Restaurants köstlich zu speisen. Das ist Leben, süßes Leben, *dolce vita* eben!

Doch kaum etwas vermittelt einem das Lebensgefühl des Südens – gestern wie heute – besser als das in den 1990er-Jahren entstandene Lied „*Mediterraneo*“ des süditalienischen

Sängers Mango. Die darin besungene, über allem thronende glühende Sonne, das tiefblaue Meer mit seinen unendlichen Küsten, die weißen Felsen und fernen Inseln, der von Möwen überzogene endlose Azur, steile Olivenhaine, duftende Pinien und leuchtende Orangen sind darin ebenso Protagonisten wie die Menschen, die hier leben und sich als Teil dieses großen Ganzen verstehen. Mit dem Lied hat der Künstler seiner Heimat ein musikalisches Denkmal gesetzt. Der Text ist reine Poesie. Für mich das moderne Äquivalent zu Goethes Gedicht. Und einmal mehr bestätigt sich, dass Italien mehr ist als ein Land – es ist ein Gefühl!

Napoliklischee pur: Pinien und Meer

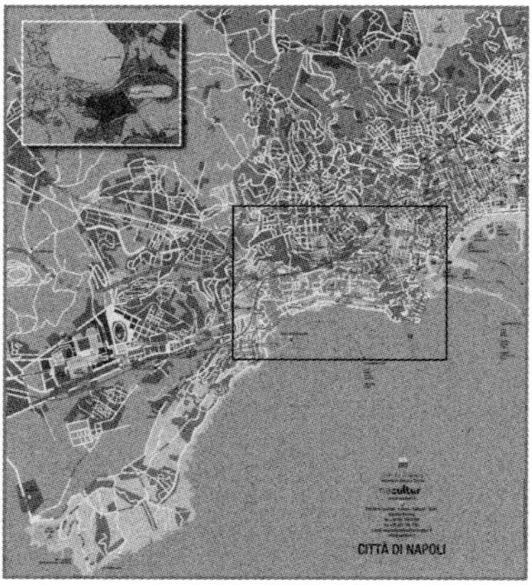

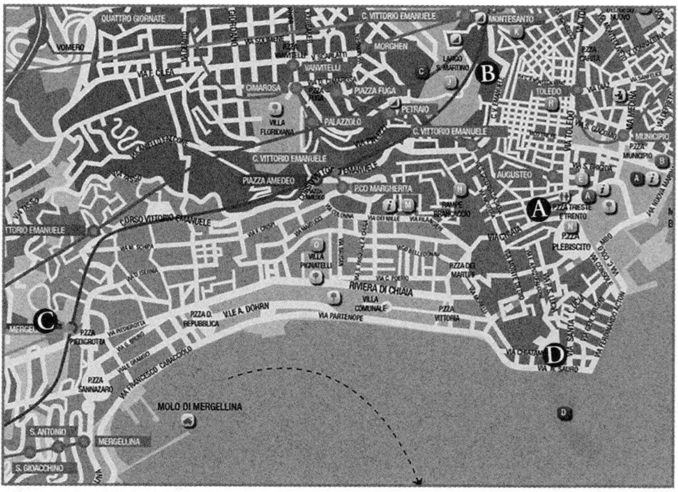

A *Hotel Chiaja*
B *Hotel San Francesco al Monte*
C *Ostello per la gioventù*
D *Grand Hotel Vesuvio*

2.
BELLA NAPOLI

Ankunft

Schwerelos gleitet das Flugzeug über den Wolken in der gleißenden Sonne dahin, als zur Rechten im glitzernden Meer langsam eine Insel inmitten der goldenen Wellen auftaucht: Capri! Gebannt lehnen sich die Fluggäste ans Fenster, um in der Schönheit dieses Augenblicks zu schwelgen, als die Maschine mit einer Linkskurve zum Landeanflug auf den Flughafen Capodichino ansetzt und plötzlich die steilen Hänge des mächtigen Vesuvs ganz nahe vor den Fenstern erscheinen.

Genau diese Diskrepanz zwischen der verlockenden Schönheit der Landschaft und der ständigen Bedrohung durch den Vulkan ist es, welche die Menschen, die seit Jahrtausenden in dieser Stadt leben, prägt und die gleichzeitig den Reiz Neapels ausmacht. Man lebt ganz im Hier und Jetzt. Denn, wer weiß, morgen kann alles schon ganz anders sein. Der Neapolitaner genießt sein Leben, kostet jeden Moment aus, versucht jeder Situation das Beste abzugewinnen. Das Heute ist das einzige, was zählt.

Einst im 5. Jahrhundert v. Chr. als griechische Kolonie gegründet, erfreut sich *Neapolis* (die neue Stadt) seither größter Beliebtheit. Daran konnte auch der ein oder andere Vulkanausbruch nichts ändern – selbst der im Jahr 79 n. Chr. nicht,

Antike und Moderne existieren in Neapel ganz selbstverständlich nebeneinander.

welcher sämtliche Städte ringsum, so auch Pompeji und Herculaneum, zerstörte und mit ihnen die Menschen sowie die Kultur einer hoch zivilisierten Gesellschaft unter sich begrub. Zu schön ist die Gegend, zu angenehm das Klima, zu fruchtbar das Land! Dazu die strategisch günstige Lage in einem natürlichen Golf, der einst schon vielen Generationen von Herrschern natürlichen Schutz gegen deren Feinde geboten hatte, die ihnen das schöne Leben im fruchtbaren Paradies am Fuße des Vesuvs neideten.

Des Weiteren kommt ein durch die spezielle Lage zwischen Berg und Meer begünstigtes Klima hinzu, das Lüfte und Düfte hervorbringt, die weltweit ihresgleichen suchen. Steht man beispielsweise auf der Via Caracciolo, dem Lungomare Neapels, und blickt sehnsüchtig aufs Meer hinaus, um am Horizont einen Blick auf Capri und Ischia zu erhaschen, wird man sich dabei ertappen, plötzlich tiefer und ruhiger zu atmen als sonst. (Besonders, seit diese Straße vor einigen Jahren zur Fußgängerzone umgewidmet wurde.) Ganz so, als wolle man diese herrlich prickelnde Luft gleich einem köstlichen Parfüm in sich aufsaugen und nicht mehr preisgeben. Und gleich wie bei einer Droge setzt die Rauschwirkung auch unmittelbar ein und man ist für immer gefangen vom Zauber dieses Ortes.

Ich gebe es ja zu, was Neapel betrifft, so bin ich befangen. Sobald ich aus dem Flugzeug oder Zug aussteige und den ersten Atemzug in dieser berauschenden Luft mache, tauche ich unmittelbar in das pralle Leben dieser Stadt ein und werde ein Teil von ihr. Daran können auch der Smog, der Verkehrslärm und das ständig aufkeimende Müllproblem nichts ändern, wofür diese Metropole leider immer wieder in die Medien gerät. Ich sehe diese Stadt nämlich nicht mit den Augen, sondern mit dem Herzen. Und sie ist atemberaubend schön! Mit dieser Meinung scheine ich übrigens nicht die Einzige zu sein, denn keine andere Stadt auf der Welt wird so oft mit dem Adjektiv „schön“ bezeichnet wie Neapel. So gibt es weltweit unzählige Hotels, Restaurants und Speisen, die den Namen *„Bella Napoli“* tragen – sogar in Neapel! Irgendetwas muss da doch dran sein.

Offiziell zählt Neapel zwar nur eine Million Einwohner, die Dunkelziffer jener, die nicht ordnungsgemäß gemeldet sind, ist jedoch recht hoch, weshalb die tatsächliche Einwohnerzahl auf das Doppelte geschätzt wird. Und sie alle sind laut, reden gleichzeitig, hupen Tag und Nacht, essen ständig und machen überall Schmutz. So ist es nicht leicht, die Schönheit zu bewahren. Neapel aber gelingt das spielend. Wie alle neapolitanischen Frauen zieht sie – ungeachtet des Chaos’ ringsumher – jeden Morgen ihr schönstes Kleid an, setzt ihr bezauberndstes Lächeln auf und verführt alle mit ihrem Charme. Nicht nur Touristen kommen scharenweise aus aller Welt, um sie zu bewundern, auch die Neapolitaner selbst würden mit niemandem auf der ganzen Welt tauschen wollen. Wehe dem, der schlecht über ihre Geliebte spricht!

Den ganzen Tag drängen, schieben und wälzen sich die Menschen durch die engen Gassen der Großstadt. Und das ungern zu Fuß, sondern lieber mit dem Auto oder der Vespa. Nur behäbig schiebt sich die Blechlawine ständig hupend durch die uralten Straßen von *Neapolis*, die eigentlich gar nicht für den modernen Verkehr gemacht sind. Das rote Ampelsignal ist dabei bestenfalls eine Empfehlung. In Neapel gilt die Vorfahrtsregel: „Besser dreimal gehupt als einmal gebremst." Teilweise sind die Wege hier noch mit jahrhundertealten Steinquadern oder Flusssteinen aus der Renaissance gepflastert, auf denen zu gehen berührend und abenteuerlich zugleich ist. Dass letztere auf der Piazza Dante – einem der schönsten Plätze der Altstadt – vor einigen Jahren durch banale, moderne Granitsteine, gleich jenen am Wiener Stephansplatz, ersetzt wurden, war eine schmerzhafte Erfahrung für mich.

Mein Neapel jedenfalls bleibt jenes teils archaische, teils pittoreske Fleckchen Erde, an dem einfach alles möglich ist. Die berühmte „L'arte di arrangiarsi" ist jedem Neapolitaner in die Wiege gelegt. Diese Kunst, sich mit den Gegebenheiten des Lebens zu arrangieren, sich anzupassen bzw. sich das Leben trotz aller Umstände schön zu machen, ist hier entstanden, wo die Menschen seit Jahrhunderten Fremdherrschaft und Unterdrückung durch die unterschiedlichsten Herrscher und Usurpatoren überlebt haben: Italiker, Etrusker, Griechen, Römer, Byzantiner, Normannen, Staufer, Anjou, Aragon, Odoaker, die spanischen Habsburger und später auch noch die österreichischen, Bourbonen, Napoleon, die Alliierten und zuletzt die EU ... „*Ma passerà anche questo.*" – „Aber das wird auch noch vorbeigehen." Die Neapolitaner nehmen es mit Humor.

Anscheinend haben die Neapolitaner aus der Geschichte gelernt. Sie haben begriffen, dass man nichts verlieren kann, was man nicht besitzt. Von ständigen Wechseln der unterschiedlichsten Machthaber geprägt, haben sie durch die Jahrhunderte hindurch ihre eigenen Strukturen geschaffen und ihre ganz eigene Art zu leben gefunden. Der berühmte neapolitanische Schauspieler und Regisseur Vittorio De Sica meinte dazu einmal: „*Eines der Geheimnisse Neapels liegt in seiner über die Jahrhunderte unveränderlichen Art, welche die Menschen, ihre Gewohnheiten und ihre Philosophie ausmachen.*"

Alte Palazzi sind mit Leben erfüllt.

Davon erzählen bis heute nicht nur die Architektur und die Mentalität der Menschen. Nirgendwo liegen Geschichte und Gegenwart so nah beieinander wie in Neapel. Nirgendwo anders in Europa sind die archaischen sozialen Kluften von einst auch heute noch so stark zu spüren und im Alltag so sichtbar wie in Neapel. Und dennoch, in Neapel ist man in erster Linie Mensch. „Leben und leben lassen“ lautet hier die oberste Maxime. Jeder hat seine Daseinsberechtigung und seinen Platz. Hier leben alle im gegenseitigen Respekt miteinander. Denn die Neapolitaner haben begriffen, dass trotz all der Unterschiede keiner ohne den anderen (über)leben kann. Und so findet man hier Menschen aus aller Herren Länder, die – ganz selbstverständlich – als Teil der sich seit Jahrtausenden ständig verändernden Gesellschaft akzeptiert werden. Das ist gelebte Integration.

Steinernes Zeugnis davon legen die Palazzi des 17. und 18. Jahrhunderts ab. Es sind Städte in der Stadt. Ausgerichtet darauf, mehreren Familien unterschiedlichster sozialer Schichten ein Zuhause zu bieten. Dem adeligen Hausherren und seiner Familie ebenso wie dem ihm direkt unterstehenden

„*maggiordomo*“ (Hausverwalter), den im Haushalt tätigen Dienern und schließlich den unterprivilegierten „*servi*“ (aus dem Lateinischen „*servus*“ – der Sklave), also Dienstboten, welche stets die niedrigsten Tätigkeiten in diesem großen Haushalt verrichtet haben. Jeder hatte seinen Platz, jeder seine Lebensberechtigung, jeder seine Würde.

Und das ist auch heute noch so. In den alten Palästen hat sich nichts verändert. So hat beispielsweise jedes dieser Gebäude seinen Hausmeister, den „*portiere*“, der in seiner Loge, der „*portineria*“, gleich einem Dirigenten im Orchestergraben über das Leben im Haus wacht und seine Geschicke lenkt. Er ist eine unantastbare Respektsperson und das soziale Bindeglied zwischen den unterschiedlichen Bewohnern des Palazzos, der Vermittler zwischen oben und unten und der Verbindungsmann nach außen. An ihm kommt keiner vorbei. Da wäre beispielsweise der Hausmeister Gennaro, der im Palazzo, in dem mein Zio Vincenzo und meine Zia Antonietta wohnen, der eigentliche Herr im Haus ist. Er wird von den Menschen im Quartier seit jeher nur „*Don Genna*“ genannt und gleichsam dem heiligen Namenspatron respektiert. Wenn er etwas sagt, dann gilt es. Sein Wort hat Gewicht – so wie er auch. Von eher stattlicher Statur trägt er tagein, tagaus stets denselben Anzug. Die dunkle Farbe ist nicht mehr genau auszumachen, die einst goldenen Knöpfe sind ganz zerkratzt, der Stoff spiegelt und das gute Stück kneift angesichts der Körperfülle seines Trägers an allen Ecken und Enden. Dennoch ist Don Gennaro mit seinem schwarzen Schnurrbart, seinen dunklen, samtenen Augen und seiner strengen, aber gleichzeitig gütigen Miene stets so etwas wie ein Übervater gewesen. Wenn ich als Kind meinen Onkel und meine Tante besuchen wollte, musste ich erst an Gennaro vorbei. Stets stand er mit strengem Blick und hinter dem Rücken verschränkten Armen mitten im Eingang des Palazzos und überwachte das Kommen und Gehen. Die Passanten hatten Angst vor ihm, die Bewohner des Hauses respektierten ihn, jedoch für uns Kinder hatte er stets ein liebes Wort und ein Bonbon übrig. Heute ist er ein alter Mann mit weißem Schnurrbart und getrübtem Blick. Und obwohl er mit seinen fast 80 Jahren längst in Pension gehen könnte, ist er jeden Tag auf seinem Posten anzutreffen. Zwar steht er nicht mehr vorne am Tor, sondern sitzt – angesichts der schmerzenden Füße – lieber in seiner Portiersloge, den Überblick hat er sich aber bis heute bewahrt. So wie den Respekt der Menschen im Quartier.

Die Beletagen der meisten Palazzi werden auch heute noch von den noblen Nachfahren ihrer adeligen Erbauer bewohnt, ganz so, als hätte sich in den letzten Jahrzehnten seit dem Zweiten Weltkrieg nichts geändert, während die anderen Stockwerke als Wohnungen und Büros vermietet werden. Im Erdgeschoss, wo einst die Stallungen und *„servi"* untergebracht waren, parken heute anstatt der Kutschen teure Autos und sind bunte Geschäftslokale eingezogen. Und so pulsiert das Leben auch heute noch hinter den jahrhundertealten Mauern.

Hat jemand aus dem Haus ein Problem, so ist es nicht ungewöhnlich, dass er sich, selbstverständlich nicht ohne Vermittlung des *„portiere"*, an den „Hausvorstand" wendet, der oft heute noch, wie einst seine Vorfahren, mit *„eccellenza"*, also Exzellenz, angesprochen wird und sich auch immer noch so verhält. Zu Weihnachten, zu Ostern und zum Geburtstag macht man ihm seine Aufwartung und kleinere (oder größere) Geschenke. Man respektiert ihn als Obrigkeit, der man sich freiwillig gleichsam als Schutzbefohlener unterstellt. Immerhin haben in all den Jahrhunderten die Adelsfamilien für mehr Kontinuität, Sicherheit und Wohlstand gesorgt als so mancher offizielle Machthaber.

Der berühmte Palazzo Sanfelice: trotz seiner historischen Bedeutung kein Museum, sondern ein ganz „normales Wohnhaus"

Palazzo Sanfelice

Einer der berühmtesten neapolitanischen Palazzi dieser Art ist der Palazzo Sanfelice. Zwischen 1724 und 1728 vom berühmten Architekten Ferdinando Sanfelice für sich und seine eigene Familie abseits des dicht besiedelten Centro Storico auf einer luftigen Anhöhe vor den Toren der Stadt erbaut, mit Blick über den Golf, steht er heute etwas verwahrlost da, ist aber nach wie vor bewohnt. Er liegt inmitten des Rione Sanità. Vor einem kleinen Geschäftslokal neben dem einst prächtigen barocken Portal bietet ein Obstverkäufer seine Waren an. Auf Höhe der ehemaligen Beletage wehen nasse Leintücher auf der Wäscheleine. Als erstes vieler für Neapel typischen Gebäude aus jener Zeit weist er jenes offene Treppenhaus *„ad ali di falco"* (mit Falkenflügeln) auf, wofür der Architekt berühmt geworden ist. Hier kann man noch erahnen, wie die Menschen einst in diesem Palazzo lebten. Aufgrund seiner besonderen Bauweise war dieses Gebäude immer wieder Kulisse für Filme wie zum Beispiel *„Die vier Tage von Neapel"* von Pasquale Festa Campanile oder *„Diese Gespenster!"* von Eduardo De Filippo.

Via Sanità 6, 80137 Napoli

www.comune.napoli.it

De Lucas gibt es in Neapel viele – darunter sogar eine Dynastie von Floristen.

Der Adelsstand wurde in Italien zwar mit der Monarchie 1946 abgeschafft, die Adelspartikel „di“ und „de“ wurden aber – ähnlich wie in Deutschland, jedoch anders als in Österreich – zu offiziellen Bestandteilen der Namen. In Neapel haben darüber hinaus, obwohl nach dem Zweiten Weltkrieg staatsrechtlich aufgehoben, auch die Rangbezeichnungen wie „*Barone, Conte, Marchese*“ und „*Principe*“ überlebt – ein bisschen so wie im Wiener Kaffeehaus, jedoch mit dem dazugehörigen Standesbewusstsein, das bis heute in Neapel sehr ausgeprägt ist.

Allerdings gibt es in Neapel auch noch andere Namen mit „Di“ und „De“ – so wie zum Beispiel De Luca. Diese werden groß geschrieben, rühren aus dem Spanischen her und haben leider rein gar nichts mit irgendeiner Form von Adelsstand zu tun … De Luca ist überhaupt ein sehr gebräuchlicher Familienname. Weit über Tausende Einträge zählt das örtliche Telefonbuch, darunter eine Dynastie von Blumenhändlern.

Diese Stereotypen sind in der neapolitanischen Gesellschaftsstruktur so stark verankert, dass sie schon in der Commedia dell’Arte Niederschlag gefunden und sich in den

Stücken und Filmen der in Neapel gleichsam als Heilige verehrten Volksschauspieler Totò und Eduardo De Filippo fortgesetzt haben. Ja, selbst im modernen neapolitanischen Film kommen sie noch vor! Die zweitklassigen Schnulzen des lokalen Fernsehsenders *Canale 21* mit Darstellern wie Mario Merola und Nino D'Angelo, die wie Nationalhelden verehrt werden, flimmern schon vormittags über die Bildschirme der Stadt und sie skizzieren brillant die bis heute erhaltenen archaischen Standesunterschiede.

Indes setzt sich in den Straßen und Gassen der Altstadt die tägliche *Opera buffa* inmitten der opulenten Kulisse fort. Vor den einst prächtigsten Palästen stehen Obst- und Zeitungsstände, werden Haushaltsartikel und sogar Fisch verkauft. Selbsternannte Parkwächter in schäbigen, goldbetressten Uniformen weisen gegen ein paar Euro Autos in Parkplätze ein, die gar keine sind. Nicht konzessionierte Verkäufer bieten auf ausgebreiteten Bettlaken und Handwägelchen Waren aller Art an. Kellner in weißen Jacken eilen mit Tabletts voller *„caffè e cornetti"* durch die Straßen und versorgen die umliegenden Büros und Geschäftsleute mit Köstlichkeiten. Bettler gehen ihren „Geschäften" nach. Hunde streunen durch die Gegend. Und dazwischen spazieren Carabinieri umher – bisweilen sogar in ihren pittoresken, mit Federn geschmückten Galauniformen – und schauen über alles hinweg, ganz nach dem Prinzip: „Leben und leben lassen". Und genau *dafür* liebe ich Neapel so sehr!

HOTELTIPPS:

Neapel bietet Übernachtungsmöglichkeiten für jeden Geschmack und Geldbeutel. Immerhin ziehen diese Stadt und ihre Umgebung seit Jahrhunderten alle möglichen Arten von Besuchern an: gekrönte Häupter, Millionäre, Großindustrielle, Schriftsteller, Musiker, Schauspieler und natürlich Touristen. Deutsche, Engländer und Japaner gehören zu den treuesten Gästen der Stadt am Golf.

Während man die Touristen in Neapel einst an ihren großen Rucksäcken, Birkenstock-Sandalen, um den Hals baumelnden Fotoapparaten und ihren aufgrund der in allen Reiseführern stets erwähnten großen Kriminalität verschreckten Mienen erkannte, sieht man heutzutage gut gelaunte Menschen aus aller Welt ganz entspannt mit ihren Smartphones und Selfie-Sticks durch die Straßen schlendern. Anders als einst Lord Byron oder Goethe bestaunen sie nicht die Schönheiten der Stadt ringsum und beschwören diese in ihren Briefen oder Postkarten an die Daheimgebliebenen, sondern sie saugen die Eindrücke gefiltert durch den Bildschirm ihres Handys in sich beziehungsweise in ihre Speicherkarte auf und posten diese wie in Echtzeit und ungefiltert auf Facebook, Instagram & Co. So ist seit der Existenz sozialer Medien weltweit ein neues, modernes Neapelbild entstanden und der Tourismus in der einst oft verpönten Stadt am Golf rasant angestiegen.

Eindrucksvoll ist, wie viele Hotels diese Stadt zu bieten hat: Da gibt es die alteingesessenen Hotels in Santa Lucia, in denen die Prominenz zu verkehren pflegt und die den Lungomare entlang „aufgefädelt" liegen, bereit, die Gäste mit ihrer unmittelbaren Lage am Meer zu bezaubern. Oder aber die altehrwürdigen englischen Hotels etwas oberhalb der Stadt am Corso Vittorio Emanuele, die durch ihren Chippendale-Charme bestechen und alte Zeiten heraufbeschwören, in denen es noch zum guten Ton gehörte, im Zuge seiner Grand Tour auch Neapel gesehen zu haben. Und nicht zuletzt denke ich an die sehr luxuriösen, neuen Unterkünfte wie das vor einigen Jahren zu einem Hotel umgebaute ehemalige Franziskanerkloster San Francesco al Monte, das nebst einem atemberaubenden Blick über den gesamten Golf seinen Gästen jegliche nur erdenkliche Annehmlichkeit bietet.

Wer weniger Luxus und Individualität als eine praktische Übernachtungsmöglichkeit mit gut bestücktem Frühstücksbuffet in zentraler Lage sucht, ist auch in einem der vielen einfachen Hotels im Bahnhofsviertel strategisch gut aufgehoben, wenn auch die Einrichtung oft recht uncharmant wirkt. Und wie überall auf der Welt so gibt es natürlich auch hierzulande eine Jugendherberge, gelegen in Mergellina, einem etwas abseitigen, aber dafür besonders schönen Stadtteil Neapels.

Wer aber etwas ganz Besonderes sucht, richtig in die Stadt eintauchen und Neapel ganz wie ein Neapolitaner erleben möchte, für den gibt es nur eine Wahl: das Chiaja Hotel de Charme. Dort wohne ich immer, wenn ich mal nicht bei meiner entzückenden, großen, aber leider recht lauten Familie auf der Couch schlafen möchte …

Dieses charmante und außergewöhnliche Hotel in der sehr zentral gelegenen Via Chiaia 216 befindet sich im 1. und 2. Stock eines Palazzo aus dem 18. Jahrhundert, der L'antica Casa Lecaldano Sasso la Terza, der sich heute noch im Besitz der Nachkommen des ursprünglichen Eigentümers, Marchese Nicola Lecaldano Sasso la Terza, befindet. 2001 mit viel Feingefühl zum Hotel umgebaut, birgt es eine besondere Kuriosität: Hier befand sich neben der Wohnung des Marcheses nämlich auch das vornehmste Freudenhaus der Stadt, das Casino di Salita S. Anna di Palazzo 3. Nur 20 Meter vom Königspalast entfernt, wurde das Etablissement bis zu seiner gesetzlichen Schließung im Jahre 1958 vor allem vom neapolitanischen Adel frequentiert. Es hatte einen diskreten Eingang durch eine Seitengasse und war berühmt für die Schönheit seiner Mädchen, die klingende Namen wie Mimì do' Vesuvio, Anastasia a' friulana, Nanninella a' spagnola oder Dorina da Sorrento trugen. Pikant ist, dass die Zimmer der „Damen" zu Hotelzimmern umgestaltet wurden und, mit viel Liebe zum Detail renoviert, noch immer deren Namen tragen. Heute wird das Haus von Pietro Fusella und seiner Familie als kleines, aber feines Bed & Breakfast geführt, das sich der Bewahrung von Kultur und Tradition Neapels verpflichtet hat und regelmäßig besondere Literatur- und Musikabende veranstaltet. Ein echter Geheimtipp!

Der Vorteil dieser Unterkunft liegt für mich, abgesehen von der zentralen Lage im Herzen eines der schönsten Viertel der Innenstadt, vor allem darin, dass man nicht das Gefühl hat, in einem Hotel zu wohnen, sondern wie ein richtiger Neapolitaner in einem privaten Palazzo. In der Tat erkennt man das Hotel nicht gleich von außen. Ja, ich hatte anfangs sogar Schwierigkeiten, es zu finden, und bin trotz genauer Adressangabe drei Mal daran vorbeigelaufen. Das antike Portal des Palazzos steht tagsüber weit offen – anders als in der Nacht, wenn man nur durch eine schmale, niedrige Türe hineinschlüpfen kann. Schaufenster mit neckischen Dessous und bunten Kinderkleidern säumen den Eingang beim Betreten des Hofes. Im Erdgeschoss befinden sich einige kleine Geschäfte sowie eine Bar, im Innenhof sind einige Autos geparkt. Im Haus gibt es auch ganz reguläre Bewohner, was ich sehr sympathisch finde. Pflanzen, Wäscheleinen und Fernsehantennen zieren den prachtvollen Stiegenaufgang dieses herrlichen neapolitanischen Palazzos. Die Stufen sind, wie damals üblich, sehr hoch. Zum Glück gibt es aber einen Lift, der den Gast samt Gepäck langsam, aber sicher in den zweiten Stock befördert, wo sich die Rezeption dieses mit drei Sternen ausgezeichneten „Hotel de Charme" befindet, das den Gast zwar mit der einem Haus dieser Kategorie gebotenen

Gut versteckt im Innenhof eines belebten Palazzos gelegen: das Hotel Chiaja.

Professionalität, aber gleichzeitig auch jener typischen Herzlichkeit und Gastfreundschaft empfängt, wie es sie nur in Neapel gibt. In der Tat ist dieses Haus für mich zu meinem zweiten Zuhause in Neapel geworden.

Hotel Chiaja
Via Chiaia 216
Tel. 081/41 55 55
www.hotelchiaia.it

Hotel San Francesco al Monte
Corso Vittorio Emmanuele 328
Tel. 081/423 91 11
www.hotelsanfrancesco.it

Ostello per la gioventù
Salita della Grotta 23
Tel 081/76 12 346
www.aighostels.it

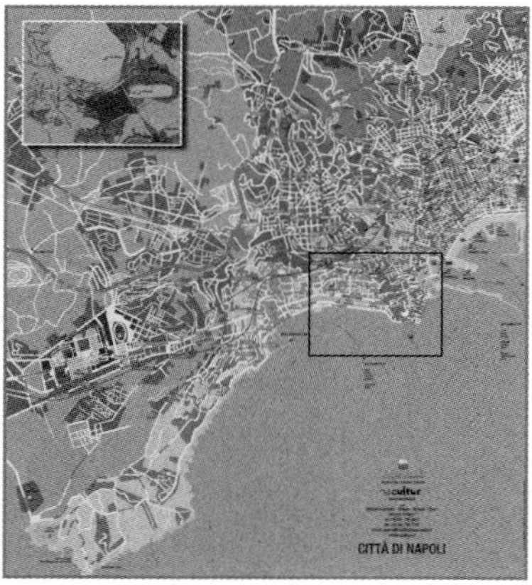

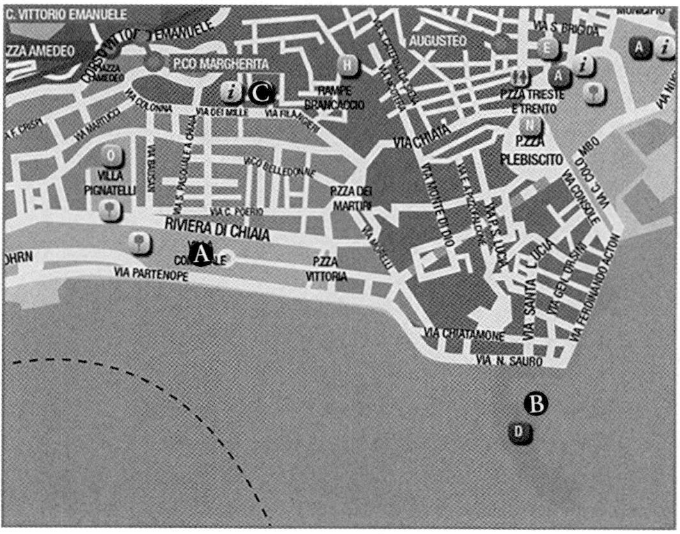

A *Villa Comunale*
B *Borgo Marinaro*
C *Palazzo delle Arti di Napoli (PAN)*

3.
LUCIANO DE CRESCENZO

Eine Liebeserklärung

Neapel hat viele Facetten – und natürlich nicht nur schöne. Aber welche Großstadt hat das schon? Dennoch kann diese chaotische, überfüllte und schmutzige Metropole für einen an Sauberkeit und Ordnung gewöhnten Nordeuropäer bisweilen auch ein Schock sein.

Meine eigene Mutter konnte davon ein Lied singen. Als sie mit ihrer Schwester in jungen Jahren im Zug unterwegs auf einer Urlaubsreise nach Sizilien war und die Schwester bei der Strecke durch Neapel ganz entzückt das Zugfenster aufriss, um – wie es ihre Art war – lauthals die Schönheit der Landschaft zu preisen, rief meine Mutter damals bloß ängstlich: „Mach das Fenster zu! So eine Verbrecherstadt!" Die Ironie des Schicksals wollte es jedoch, dass sie auf genau jener Urlaubsreise meinen Vater kennenlernte, der damals in Sizilien als angehender Architekt an einem Hotelprojekt arbeitete und … aus Neapel stammte. Die nächsten Jahre ihres Lebens sollte sie genau in jener „Verbrecherstadt" verbringen, die sie einst so sehr gefürchtet hatte. Tja, wo die Liebe hinfällt. Mamas dunkle Vorahnung sollte sich leider bestätigen, denn sie war nie richtig glücklich in dieser Stadt. Die Sprache, die Menschen und die Kultur muteten für sie eher orientalisch als

Luciano De Crescenzo, beinahe so etwas wie ein Familienmitglied …

italienisch an. Frauen wurden in den 1960er-Jahren noch nicht einmal in einer Bar bedient, wenn sie diese nicht in männlicher Begleitung betraten. Und dann das Chaos, der Schmutz, die Kriminalität! Ihr Neapelbild hat in der Folge natürlich auch meines geprägt, zumindest anfangs.

Diese Stadt aber dennoch mit den Augen der Liebe zu sehen, diese Kunst hat mich Luciano De Crescenzo gelehrt. Er ist der erste, wenn nicht sogar der einzige neapolitanische Schriftsteller, der Neapel weltweit rehabilitiert und über die Grenzen Italiens hinaus für seine Schönheit und Liebenswürdigkeit bekannt gemacht hat. Allein ihm habe ich es zu verdanken, dass mein Napoli heute nicht trist und schmutzig wie das Elena Ferrantes, brutal und elend wie bei Andrej Longos oder undurchsichtig und mafiös wie bei Roberto Saviano ist. Nein, mein Neapel ist schön, sympathisch, lächelnd, liebenswert – ein einziges Fest! Denn wie De Crescenzo es in seinem „Album di Famiglia“ (Familienalbum) so treffend beschreibt, scheint es stets ein Festtag zu sein, wenn sich eine neapolitanische Familie an einem ganz normalen Wochentag zum Mittagstisch setzt. So viele sind es und so laut sind sie. Das ist auch in der Familie De Luca nicht anders.

Der weltberühmte neapolitanische Schriftsteller und Philosoph wurde 1928 im Quartiere Santa Lucia geboren, jenem gutbürgerlichen Stadtteil Neapels, der sich zwischen dem eleganten Viertel Chiaia und dem Lungomare befindet, wo einst die Fischer mit ihren Booten anlegten. Diese Kindheit im Spannungsfeld zwischen Arm und Reich hat ihn wohl zum aufmerksamen Beobachter dieser Menschen und ihrer Stadt gemacht. Im selben Palazzo wuchs übrigens auch sein Freund Carlo Pedersoli als Sohn eines Industriellen auf, der später im Schwimmsport Furore machte, zwei Mal für Italien bei den olympischen Spielen startete und schlussendlich als Bud Spencer in die Filmgeschichte einging. Im Kino „Teatro Santa Lucia“ bewunderten die beiden auf dem Schulweg täglich die Auslagen mit Bildern der größten italienischen Filmstars ihrer Zeit wie Wanda Osiris und Erminio Macario. Im nahe gelegenen Park der Villa Comunale spielten sie gemeinsam Fußball. Als Sohn eines Geschäftsmannes (sein Vater besaß ein Handschuhgeschäft in der eleganten Via dei Mille) entstammte De Crescenzo der *Napoli bene*, also dem Großbürgertum, was ihm von klein auf genügend Zeit und Möglichkeit gab, sich seinen Gesellschaftsstudien zu widmen.

Nach seinem Ingenieurstudium arbeitete er jedoch noch 18 Jahre lang, zuletzt als Direktor, beim Computerkonzern IBM, ehe er sich Mitte der 1970er-Jahre (davon träumt wohl jeder Autor) endlich ausschließlich dem Schreiben und der Philosophie widmen konnte. In seinen Büchern und Filmen porträtierte und analysierte er Neapel und seine Menschen aufs Feinsinnigste. Kaum einem anderen Künstler ist es je wie ihm gelungen, die neapolitanische Seele von ihrer schönsten, nämlich der philosophischen Seite her zu betrachten. Kaum einem anderen Neapolitaner ist es je so gelungen, seine Heimatstadt, abseits von Müll und Mafia, von ihrer positiven Seite zu zeigen und sie weit über die Grenzen Italiens in aller Welt bekannt zu machen.

Überall in Neapel wird De Crescenzo verehrt. Wie hier im Museumsshop in der Via Nilo.

Durch jahrzehntelange Studien seiner Bücher und Filme – die ich teilweise auswendig kenne, so oft habe ich sie gelesen und gesehen – habe ich von De Crescenzo vor allem eines gelernt: Auf der Welt gibt es zwei Arten von Menschen, die „Menschen des Herzens“ und die „Menschen der Freiheit“. Zu den *„uomini d'amore“* zählen, wie die meisten Südländer, die Neapolitaner. Wie die Hauptfigur Bellavista im gleichnamigen Roman, die im Film auf grandiose Weise von De Crescenzo selbst dargestellt wurde, sind sie emotionale, fast schon irrationale Wesen, die ganz in der Familie und den menschlichen Beziehungen aufgehen und die Welt mit den Augen der Liebe betrachten. Und sie baden lieber als zu duschen, was für den Philosophen als ein grundlegendes Merkmal für Sinnlichkeit, Genuss und Lebensfreude gilt. Sie gehören zu jener Gattung Mensch, die den Stoff für Liebesromane, Opernlibretti und Filmdramen liefern.

Zu dieser Spezies Mann zählt eindeutig unser Vater, denn er scheint den Romanen De Crescenzos entsprungen zu sein. Obwohl er als Unternehmer und Lokalpolitiker stets sehr beschäftigt und *„molto importante“* ist sowie großes Ansehen genießt, lässt er fünf gerne auch mal gerade sein. So lautet sein Lieblingsspruch dem unvermeidlichen Unbill des Lebens gegenüber, den er stets gerne aus Anlass eines erneuten Bravourstücks meines Bruders äußert: „Lass ihn doch, er ist halt so …" Mit seiner Nachsicht hat er mich schon oft zur Weißglut gebracht. Dennoch, mit fortschreitendem Alter merke ich zu meiner großen Verwunderung, dass ich ihm immer ähnlicher werde. Und siehe da, diese Einstellung macht das Leben mit einem Schlag tatsächlich schöner! In jedem Fall leichter.

Zu den *„uomini di libertà"* hingegen zählen eindeutig die Mailänder, wie Bellavistas Antagonist Dottor Cazzaniga. Sie sind, wie alle im kalten Norden lebenden Menschen, ganz und gar der Ratio verpflichtet, stellen die persönliche Freiheit über alles, richten ihr Leben nach rein praktischen Gesichtspunkten aus – und duschen lieber. Sie sind die Banker, Politiker und Buchhalter dieser Welt. Das bringt natürlich mit sich, dass in Mailand zwar alles klappt (Beruf, Verkehr, Verwaltung, alles läuft wie am Schnürchen), während in Neapel das Chaos regiert. Lebenswerter jedoch ist Neapel. Denn Chaos ist Leben – wie wir spätestens seit Platons „Timaios" wissen. So auch in Napoli.

Womit De Cresczenzo nämlich quasi über Nacht Weltruhm erlangte, waren ursprünglich seine Bücher über die griechische Mythologie. Auf brillante und sehr unterhaltsame Weise zeigte er darin, dass die Probleme, die wir heute haben, schon vor Jahrtausenden jene waren, die die Menschen und sogar die Götter auf dem Olymp beschäftigt haben, wie zum Beispiel das ewige Eifersuchtsdrama einer Dreiecksbeziehung zwischen *„isso, essa e o'malamente"* (zu Deutsch: Er, sie und der Gemeine). In seiner „Geschichte der griechischen Philosophie", die er in mehreren Bänden und einer Filmreihe auf sehr unterhaltsame Art in eine moderne Sprache übersetzt hat und in der er als Erzähler und Darsteller in Personalunion – mal als Zeus mit langem weißen Bart, mal als Paris im Schäferkostüm und vielen anderen Rollen – zu sehen ist, hat er den Zusehern auf eine bisher noch nie da gewesene humorvolle

Weise Wissenswertes über die griechische Mythologie vermittelt. Im Gymnasium habe ich mich dank seiner Filme sehr gut über Wasser halten können.

Dass ich einmal die große Gnade erfahren sollte, diesem Mann persönlich zu begegnen, hätte ich damals nicht zu träumen gewagt. Vor fünfzehn Jahren durfte ich diesen außergewöhnlichen Schriftsteller und Menschen in seiner Wohnung in Rom besuchen, wo er seit vielen Jahren aufgrund seiner Tätigkeit beim Film und der dadurch bedingten Nähe zur Cinecittà – dem Hollywood Italiens – unweit des Forum Romanum wohnt. Ich sollte zu seinem 75. Geburtstag ein Interview für eine österreichische Zeitschrift machen. Zwei Jahre lang hatte ich auf diesen Termin gewartet. Aber als der Tag dann endlich da war, ging irgendwie alles schief. Mein Fotograf, der gemeinsam mit mir extra aus Wien angereist war, hatte einen Autounfall und konnte nicht rechtzeitig kommen. Mein Diktiergerät gab den Geist auf und ich musste das Gespräch hastig mitschreiben.

Der Meister nahm sich zwei Stunden Zeit für mich, gewährte mir Einlass in sein Allerheiligstes – sein Arbeitszimmer –, bewirtete mich mit der einem Neapolitaner gebotenen Gastfreundschaft und gab mir in einem Vieraugengespräch, das sich irgendwo zwischen Privatissimum und Privatvorstellung einordnen lässt, in denselben theatralischen Worten und Gesten, wie man sie aus seinen Filmen kennt, seine ganz persönliche Sicht über das Leben zwischen Süden und Norden, Liebe und Freiheit, Badewannen und Duschen wieder. Ich denke, er wunderte sich zwar ein wenig darüber, dass eine Journalistin Mitte Dreißig von so weit her kam, ohne Mikrofon und Fotograf und dann auch noch wie ein aufgeregter Teenager mit glühender Verehrung vor ihm saß, aber er überspielte es auf freundliche Weise und war schlussendlich wohl doch eher geneigt, meine Verehrung zu genießen, als sich von ihr gestört zu fühlen.

Die andere Seite der Stadt: moderne Mülldeponie an der mittelalterlichen Torre San Michele.

Die Begegnung war für mich so berührend und überwältigend, dass ich nicht nur beschloss, diese wertvolle Erfahrung mit niemandem zu teilen (es hätte meines Erachtens an Blasphemie gegrenzt), sondern dass ich in der Aufregung auch noch vergaß, um ein gemeinsames Foto mit meinem Idol zu bitten, was mir jedoch leider erst auffiel, als ich, wie aus einem Traum erwacht, wieder draußen auf der Straße stand.

Dazu möchte ich unbedingt ausführen, dass ich wahrlich nicht zu jenen Menschen zähle, die sich leicht von Ruhm beeindrucken lassen. Im Gegenteil. Erst kürzlich musste ich für einen Auftraggeber den italienischen Popstar Eros Ramazzotti während seines Wien-Aufenthaltes interviewen, was nicht annähernd diese Gefühle in mir ausgelöst hat. Ob das damit zusammenhängt, dass Ramazzotti aus Mailand stammt?

So bleibt mir bis heute lediglich die wunderbare Erinnerung an eine unterhaltsame, lehrreiche und ganz private Stunde mit einem der größten Schriftsteller und Philosophen unserer

Zeit sowie ein Schnappschuss, den ich an jenem Nachmittag mit meiner alten Kamera von ihm gemacht habe. Das Bild bewahre ich bis heute wie ein kleines Heiligtum auf. Es zeigt ihn an seinem Schreibtisch sitzend, daneben eine Sokrates-Büste mit Hut und im Hintergrund eine Wand, die bis zur Decke hinauf mit gerahmten Covern aller weltweit von ihm erschienenen Bücher dekoriert war. Für mich ein unvergessliches Erlebnis! Heute steht dieses Foto gemeinsam mit den Bildern meiner Familie auf der Kommode im Wohnzimmer, von wo Luciano De Crescenzo mich allzeit daran erinnert, mir selbst stets treu zu bleiben und so wie er ein Mensch zu sein, der die Welt mit den Augen der Liebe sieht – ein *„uomo d'amore"*.

Zu gerne würde ich ihn noch einmal treffen. Aber inzwischen ist er über 90 Jahre alt und hat wohl andere Probleme, als einer nervösen Verehrerin Rede und Antwort zu stehen. 2016 hat er mit 88 Jahren sein letztes großes Interview gegeben. Auf die Frage, was er tun würde, wenn er noch einmal auf die Welt kommen sollte, antwortete er: „Ich würde wieder Neapel wählen." Das ist wahre Liebe!

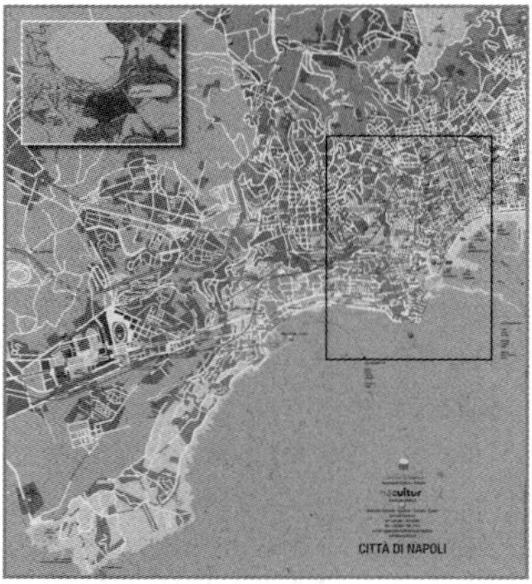

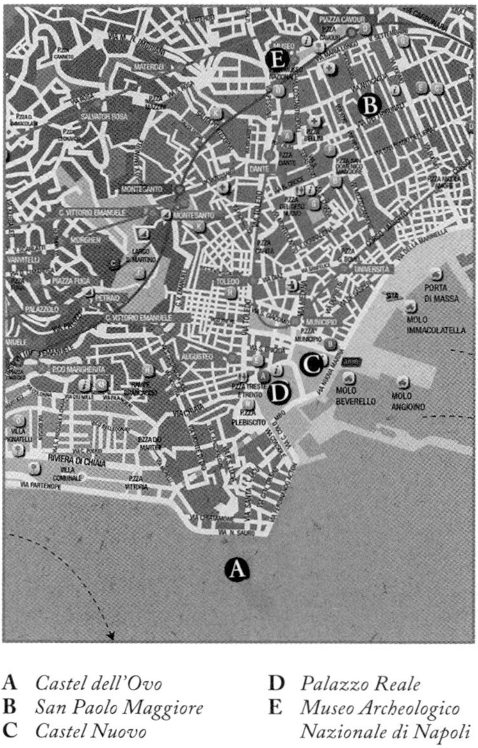

A *Castel dell'Ovo*
B *San Paolo Maggiore*
C *Castel Nuovo*
D *Palazzo Reale*
E *Museo Archeologico Nazionale di Napoli*

4.
IL CENTRO STORICO

Antike Seele einer modernen Stadt

Um eine jahrtausendealte Metropole und komplexe Stadt wie Neapel richtig begreifen zu können, sollte man sich vor einem Besuch unbedingt mit ihrer Geschichte auseinandersetzen. Schon die alten Griechen wussten das milde Klima, die idyllische Lage und die Fruchtbarkeit des Bodens am Fuße des Vesuvs zu schätzen und gründeten 700 v. Chr. auf dem damals direkt am Strand befindlichen Felsen Pizzofalcone die Stadt Parthenope. Nur zweihundert Jahre später gründeten sie im heutigen *„centro storico"* eine neue Stadt, da sich die alte rasch ausbreitete: Neapolis. Dass der mit reicher Vegetation bedeckte Berg ein Vulkan war, hat ja damals noch niemand gewusst. Umso größer muss wohl die Überraschung bei dessen Ausbruch 79 n. Chr. gewesen sein, bei dem unter anderem Pompeji und Herculaneum mitsamt ihren Einwohnern verschüttet wurden.

Ende des 19. Jahrhunderts wurden diese beim Bau von Sommervillen adeliger Neapolitaner wiederentdeckt und freigelegt. Die Landhäuser reicher Römer kann man heute in teilweise rekonstruierter Form besichtigen. Wobei die Scavi di Ercolano eindeutig beeindruckender sind als Pompeji. Durch ihre unmittelbare Lage mitten im Stadtgebiet erschließt sich einem nämlich auf eindrucksvolle Weise die historische Tragweite der ganzen Situation. Denn während man in den nur wenige Meter unterhalb des heutigen Straßenniveaus gelegenen Ausgrabungen zwischen antiken Mauerresten und gut erhaltenen ehemaligen Villen auf den Spuren der alten Römer lustwandelt, sieht man oben ihre Nachfahren mit denselben Gesichtern wie jenen der Ahnen auf den alten Fresken, nur in moderner Kleidung, mit Tatoos und Piercings, auf bunten Vespas und in schnittigen Autos durch die Gassen brausend.

Der Legende nach soll die Stadt nach der Sirene Parthenope benannt sein, die, halb Frau, halb Vogel, mit ihrem Geliebten vor ihrem Vater, dem griechischen Flussgott Acheloos, der sie mit einem anderen verheiraten wollte, aus Griechenland geflohen sein soll, um sich am Fuße des Vesuvs niederzulassen. Ihre Liebe brachte das Land zum Erblühen, ihr Gesang lockte die Seefahrer an und – in den gefährlichen Gewässern vor der Küste Neapels – gleichzeitig ins Verderben. Allein Odysseus soll ihr durch eine List widerstanden haben: Er verstopfte die Ohren seiner Seeleute mit Wachs und ließ sich selbst an den Mast seines Schiffes binden. So entging er dem sicheren Tod. Diesen Misserfolg verkraftete Parthenope nicht und beging Selbstmord, indem sie sich von den Klippen ins Meer stürzte. Dort, wo ihr wunderschöner Körper einst von den Wellen ans Ufer gespült wurde, befindet sich heute das Castel dell'Ovo. Hier soll sie auch begraben sein, und hier wurde auch die ursprüngliche Stadt gegründet.

Lange Zeit wähnte man also Parthenopes Grab im Castel dell'Ovo. Im Jahre 1970 wurde jedoch im Zuge von Restaurierungsarbeiten in einer Krypta unterhalb der Basilica San Giovanni Maggiore, welche auf die konstantinische, vorchristliche Zeit zurückgeht, ein jahrtausendealter Grabstein mit der Aufschrift „*Partenopem tege fauste*“ gefunden, was frei übersetzt soviel heißt wie „Beschütze glücklich Parthenope“.

Hier soll die Geschichte Neapels ihren Ausgang genommen haben: das Castel dell'Ovo.

Seither wird spekuliert, hier das wahre Grab der Sirene gefunden zu haben. Da der Name jedoch viele Jahrhunderte lang (und in kulturellem Kontext sogar noch heute) als Synonym für Neapel verwendet wurde, kann es sich natürlich auch um ein Missverständnis handeln. Aber das sieht der Neapolitaner nicht so eng.

Castel dell'Ovo
Die älteste Burg Neapels wurde von den Normannen im 9. Jahrhundert auf der kleinen Insel Megaris auf den Überresten der Villa des berühmten römischen Schlemmers Lucullus und eines Klosters aus dem 5. Jahrhundert errichtet. Der Legende zufolge ist in der Burg ein vom römischen Dichter Vergil mit einem Zauber belegtes Ei versteckt, welches das Schicksal der Burg und der Stadt bestimmt. Solange das Ei heil ist, kann beiden nichts passieren. Der Eintritt ist frei.
Borgo Marinaro
Tel. 081/795 61 80
www.comune.napoli.it

Heute, zweieinhalbtausend Jahre später, hat Napoli jedenfalls weit über eine Million Einwohner – wenn die demografische

Entwicklung mit gewissen Hindernissen verbunden war. Schwere Krankheiten aus aller Welt rafften die Menschen in der Hafenstadt dahin. Erst 1973 gab es die letzte Cholera-Epidemie. Oft erschütterten schwere Erdbeben Neapel. Zum letzten Mal das Irpinia-Erdbeben 1980, bei dem dreitausend Menschen ihr Leben verloren, zehntausend verletzt und dreihunderttausend obdachlos wurden. Die vielen kleineren Beben, die fast monatlich stattfinden, zählen die Neapolitaner längst nicht mehr. Der Vesuv, der aufgrund seiner starken seismischen Aktivität und der hohen Bevölkerungsdichte in der Region als der gefährlichste Vulkan Europas gilt, brach zum letzten Mal 1944 aus. Aber man weiß, der große Riese schläft nur, und es könnte jederzeit wieder soweit sein.

Das jedoch nehmen die Neapolitaner stoisch hin. Mein eigener Vater, ein ansonsten intelligenter Mann, Unternehmer und Politiker, der in Portici in unmittelbarer Nähe des Vesuvs wohnt und von seiner Terrasse aus zwar den ganzen Golf von Neapel zu Füßen, aber auch den Vulkan direkt vor Augen hat, blickt jeden Morgen kontrollierend zum Krater hinauf und meint nur, halb ernst, halb belustigt: „Tutto a posto." Alles in Ordnung. Auf meine drängende Frage, was er machen würde, wenn der Vesuv eines Tages doch mal wieder ausbrechen sollte, meint er nur: „Destino" – Schicksal. Und wenn ich nachhake und wissen will, warum er angesichts der unvermeidlichen Katastrophe nicht von hier wegzieht, fragt er mich nur mit einem Ausdruck des Entsetzens auf dem Gesicht: „Ma dove?!" – Wohin denn?! Auch wenn er im Allgemeinen von den nordischen Ländern mit ihrer Ordnung und Ruhe schwärmt und vor allem Wien sehr liebt, für einen Neapolitaner gibt es einfach keinen anderen Ort auf der Welt, an dem er leben kann, als Neapel.

Diese Stadt ist ja auch unvergleichlich. Jeder, der nach Neapel kam, hat etwas zum heutigen Aussehen der Stadt beigetragen. Aus den Zeiten der byzantinischen Herrschaft stammen viele heute noch erhaltene Kirchen. Allerdings wurden sie im Laufe der Jahrhunderte immer wieder umgebaut, sodass oft nur mehr ihre Grundmauern als byzantinisch erkennbar sind. Die Staufer gründeten die Universität, die heute noch nach dem Stauferkönig Federico II. benannt ist. Die Anjou erbauten das Castel Nuovo, das nach ihnen den Beinamen „*Maschio Angioino*“ trägt. Und unter spanischer Regentschaft wiederum entstanden ganze Stadtteile Neapels wie beispielsweise die Quartieri Spagnoli, die einst als Unterkünfte für die Soldaten erbaut wurden. Königin Maria Carolina d'Austria, eine Tochter Maria Theresias, wird heute noch sehr von den Neapolitanern verehrt, da unter ihrer Herrschaft Neapel eine Blütezeit erlebte. Der italienischen Königin Margherita di Savoia wurde anlässlich ihres Besuchs der Stadt 1889 die gleichnamige Pizza gewidmet, die noch heute auf der ganzen Welt Synonym für italienische Esskultur schlechthin ist. Und im berühmten, im Stil der Belle Époque erbauten Caffè Gambrinus gegenüber der Oper Real Teatro di San Carlo gibt es gleich einen ganzen Saal, der Kaiserin Elisabeth von Österreich gewidmet ist. Hier soll Sissi immer ihr geliebtes Veilcheneis gegessen haben, wenn sie ihre Schwester Marie Sophie besuchte, die ja Königin von Neapel war. Das Eis kann man übrigens noch heute dort genießen.

Wie man sieht, war in Neapel immer etwas los. Die Neapolitaner haben gelernt, mit kommenden und gehenden Regierungen zu leben, während sie selbst immer die Gleichen geblieben sind. Das trifft auch auf die Einigung Italiens 1860 zu. Die Länder der italienischen Halbinsel sind zu einer Nation zusammengewachsen, Neapel indessen ist Neapel geblieben. Alleine die EU scheint etwas zu schaffen, was andere in Jahrtausenden nicht zuwege gebracht haben. In den letzten Jahren ist die Stadt beinahe „zivilisiert“ geworden. Aber zum Glück eben nur beinahe.

Neapel, das ist 360°, 24 Stunden und 365 Tage pralles Leben!

Die Neapolitaner stehen der EU, wie jeder Fremdherrschaft, skeptisch gegenüber. Aber nicht etwa nur die normale Bevölkerung, nein! Die Ablehnung gegenüber der Obrigkeit zieht sich durch alle Bevölkerungsschichten, vom einfachen Arbeiter zum Beamten, den Unternehmern und Akademikern bis hin zu den Politikern selbst. So werden EU-Projekte seit Jahren erfolgreich verschleppt und Anordnungen aus Brüssel nach allen Regeln der Kunst umgangen. Und diese Methode scheint erfolgreich zu sein. Die europäische Kommission hat nämlich vor Kurzem ein Budget von insgesamt 868 Millionen Euro genehmigt, um die Stadt Neapel und ihr kulturelles Erbe maßgeblich zu unterstützen. Straßenbau, Verkehr, alternative Energie, Wasserqualität, Säuberung des Meeresbodens, der Hafen, Fahrradwege, WLAN-Zonen, Videoüberwachungssysteme, Handwerk, Kleinunternehmen und vieles mehr sollen dadurch verbessert und gefördert werden. „Denn Neapel ist ein Juwel, das für die künftigen Generationen erhalten werden muss", begründet man in Brüssel die Entscheidung. Bleibt zu hoffen, dass die Neapolitaner diese einmalige Chance auch für künftige Generationen zu nutzen wissen.

Das Centro storico von Neapel ist also zweieinhalb Jahrtausende alt. 1997 wurde es von der UNESCO zum Weltkulturerbe ernannt. Denn bis heute weist es dieselbe lineare Stadtsystematisierung wie einst die griechisch-römischen Städte auf. Die im rechten Winkel angelegten „Decumanes" und „Cardines", also die Haupt- und Nebenstraßen, sind seit der Antike dieselben geblieben. Sie tragen nur andere Namen. Dieser älteste Kern Neapels befindet sich heute im Bereich zwischen der Via dei Tribunali, Via San Biagio dei Librai, Via Nilo und Via Duomo.

Archäologische Funde aus römischer und griechischer Zeit, die im Zuge der Arbeiten an der Metropolitana überall zutage treten und den Ausbau des U-Bahn-Netzes daher seit Jahrzehnten verschleppen, zeigen, dass hier eine Stadt unter der Stadt liegt. Die Einwohner Neapels leben deshalb auf einer ständigen Baustelle. Denn wo auch immer der Boden aufgegraben wird, treten archäologische Funde zutage. Doch die Neapolitaner nehmen es mit Humor. Wenn jemand sagt, dass hier wegen der Metropolitana gegraben wird, antworten sie bloß trocken: „Und, haben sie sie schon gefunden?"

Besonders am ehemaligen „Decumanus Major", der Via dei Tribunali, sind bis heute noch viele Zeugnisse der Antike mitten im Alltag zu sehen, wie die beiden Säulen von San Paolo Maggiore, die aus dem in der Antike dort situierten Dioskuren-Tempel stammen, oder eine Bäckerei im Vico Panettieri, ein Lokal, das gar auf die Zeit von Kaiser Nero zurückgeht! Und gleich um die Ecke in der Via Anticaglia befinden sich die Mauerreste eines römischen Badehauses sowie eines Theaters, das 8000 Besucher fassen konnte und in dem Kaiser Nero persönlich aufgetreten sein soll. Aber anders als in anderen Städten Europas wurde dieser Teil der Stadt nicht etwa zum Freilichtmuseum zu Tode restauriert und die leer stehenden Häusern zur Kulisse erklärt, sondern er wird seit damals ununterbrochen und bis zum heutigen Tage sehr intensiv belebt und dicht bewohnt. So kommt es, dass die Straßen in diesem Viertel immer noch mit uralten, teils römischen Steinquadern gepflastert sind und viele Häuser teilweise antike Mauern aufweisen.

San Paolo Maggiore
Im antiken Neapel befand sich an der Stelle der heutigen Piazza San Gaetano zunächst die griechische Agora und später das römische Forum. Aus den Resten eines römischen Tempels wurde im 8. Jahrhundert eine christliche Basilika errichtet, die im 16. Jahrhundert umgestaltet und nach den Zerstörungen durch ein schweres Erdbeben im 17. Jahrhundert wieder aufgebaut wurde. Vom antiken Tempel konnten jedoch zwei Säulen in unsere Zeit herübergerettet und für den Wiederaufbau verwendet werden. Und so sind sie heute noch links und rechts vom Haupteingang gut zu sehen.
Piazza San Gaetano
80138 Napoli

Das Leben brodelt in den Straßen dieser Stadt. Moderner Lebensstandard, technischer Fortschritt und ständiger Verkehr haben Einzug gehalten. Die T-Shirts sind modisch, die Haarschnitte gewagt und die Körper der jungen Menschen – *ahimé!* – von kunstvollen Tattoos und zahllosen Piercings übersäht. Neben dem Tag und Nacht tosenden Verkehrslärm sorgen Radios und Fernsehgeräte für zusätzliche Lautuntermalung. Das unvermeidliche Handy ist ständiger Begleiter von Geschäftsleuten, Hausfrauen, Schulkindern sowie Bettlern. Dennoch hat sich in den letzten zweitausend Jahren nicht allzu viel im Alltag der Neapolitaner verändert. In ihrem Innersten sind sie sich treu geblieben.

Wie schon zur Zeit der alten Römer spielt sich das Leben das ganze Jahr über fast ausschließlich im Freien ab. Kleinste

Der dichte Verkehr macht erfinderisch: Auf der dreirädrigen Ape wird von Blumen bis zu Särgen alles transportiert.

Gassenlokale werden kurzerhand durch Arbeitsplätze und Regale vor dem Haus zu Werkstätten, Boutiquen und bisweilen sogar Büros erweitert. Seine Geschäfte wickelt man auf der Straße ab. Man fährt Vespa oder geht zu Fuß, denn die Gassen sind eng und Parkplätze gibt es kaum. Dafür sieht man recht fantasievolle Transportmittel, wie zu Handwagen umgebaute Kinderwagen oder die dreirädrigen Ape (Biene) genannten Kleinlaster, mit denen Berge von Blumen, Obst und Gemüse, ganze Wohnungseinrichtungen und sogar Särge transportiert werden. Überall schieben und quälen sich Menschen durch die engen Gassen. Kein Platz für Egoismus oder Rückzug. Hier muss jeder mit jedem auskommen. Freundlichkeit und Respekt, wenn oft auch nur an der Oberfläche, sind im Alltag daher allgegenwärtig und im Charakter des Neapolitaners fest verankert.

Diese Nähe wiederum verleitet natürlich zum Innehalten und Plaudern. Die Menschen reden viel miteinander und halten so den Informationsfluss in ihrem Viertel am Laufen. Große Supermärkte oder gar Discounter wird man in Neapel vergebens suchen. Hier gibt es noch viele kleine Geschäfte, die ein vielfältiges Warenangebot haben, wie man es in anderen europäischen Metropolen schon lange vermisst. Eingekauft wird ausnahmslos beim Salumiere des Vertrauens. An jeder Ecke gibt es außerdem Fleischhauer, Fischgeschäfte, Obst- und Gemüsestände, Bäckereien, Konditoreien, aber auch Geschäfte mit Haushaltswaren, Möbeln, Ersatzteilen für alles Mögliche und so weiter. Das Handwerk blüht, das Secondhandgeschäft auch. Denn die Neapolitaner sind begnadete Restaurateure. So findet man hier beispielsweise noch viele kleine Betriebe, welche die ausgefallensten Dinge reparieren können, sodass sie wieder wie neu aussehen. Diese Begabung setzt sich leider auch in den Fälschungen von Antiquitäten, Kunstwerken und begehrten Modemarken fort. Das wird aber hierzulande nicht so stark geahndet, sondern fällt eher in die Kategorie „künstlerische Freiheit“.

Auch das Essen findet hier im Freien statt. Unzählige Bars, Cornetterie und Rosticcerie bieten den ganzen Tag über ihre Köstlichkeiten an. Frühstücken kann man hier – anders als auf den großen eleganten Einkaufsstraßen rund um die Jugendstil-Einkaufspassage Galleria Umberto – für wenig Geld. Cappuccino und caffè gibt es schon für zwei Euro. Mittags kann man sich mit Pizzette und Arancini (das sind traumhafte, frittierte, mit Mozzarella und Tomaten gefüllte Reisbällchen) sozusagen „to go“ ein herrliches Pranzo bereiten. Gerne setze ich mich für eine solche Pause mit einer frisch gepressten Limonata oder einem Granatapfelsaft, wie sie viele kleine Stände für wenig Geld anbieten, in den kleinen Park beim Chiostro di Santa Chiara und sehe den Kindern auf dem Spielplatz dort zu. Restaurants wird man in diesem „quartiere popolare“ (volkstümliches Viertel), obwohl auch von vielen Touristen frequentiert, nicht finden. Streetfood hat eben Tradition in Neapel.

Will man Neapel von seiner echten Seite kennenlernen, lohnt sich ein Spaziergang durch Spaccanapoli, dem ehemaligen „Decumanus minor“. Man kann vom Gerichtsgebäude nahe

Kinderspielplatz beim Monastero Santa Chiara.

dem Hauptbahnhof auf der einen Seite der Stadt bis hinauf zur auf der Anhöhe des Vomero gelegenen Certosa di San Martino, einem Kloster aus dem 14. Jahrhundert, am anderen Ende der Stadt sehen. Die Straße führt in einer kerzengeraden Linie vom Fuße des Vomero bis ins Quartiere Forcella, um in der Nähe des Gerichtsgebäudes als Sackgasse zu enden. Einstmals begrenzte dieser „Decumanus" die antike griechisch-römische Stadt gegen das Meer hin. Die drei Kilometer lange, schnurgerade verlaufende Straße teilt das historische Zentrum Neapels in zwei Teile, woher sie auch ihren Namen hat (*spaccare* = spalten), und setzt sich heute im Großen und Ganzen aus den Straßen Via Benedetto Croce, Via San Biagio dei Librai, Via Vicaria Vecchia und Via Giudecca zusammen. Im 13. Jahrhundert hat sich das Stadtzentrum dann in Richtung Küste verschoben, dennoch erahnt man bis heute im Centro storico noch ein Stück Antike und spürt, was seither die wahre Kraft Neapels ausmacht: seine Menschen.

[redacted]

MUSEUMSTIPPS:

Wer mehr über Neapels Geschichte erfahren will, kann im mittelalterlichen Castel Nuovo das ganze Jahr über eine Ausstellung dazu besuchen. Das Castel Nuovo thront mächtig über dem gesamten Platz und folgte einst dem Castel Capuano nach, um 1600 selbst von der gleich nebenan liegenden Reggia, dem neuen Königspalast, als Machtzentrum der Stadt abgelöst zu werden. Im Palazzo Reale kann man jene wertvolle Papyrussammlung aus der einst beim Ausbruch des Vesuvs 69 n. Chr. verschütteten Villa dei Papiri bewundern. Mehr Informationen über die alten Griechen und Römer findet man im Museo Archeologico Nazionale – bergauf am Ende der Via Toledo, die hier ihren Anfang nimmt. Hier befindet sich der Großteil der bei den Ausgrabungen in Pompeji und Herculaneum gefundenen Gegenstände und Kunstwerke.

Castel Nuovo
Die „neue Burg“, auch Maschio Angioino (Bergfried der Anjou) genannt, wurde um 1279 von Karl I. von Anjou anstatt des Castel Capuano als königliche Residenz und Seefestung erbaut. Im Laufe der Jahrhunderte verfiel es und wurde Mitte des 15. Jahrhunderts von Alfons I. von Aragon wiederaufgebaut. Vom ursprünglichen Kastell ist heute nur noch das gotische Schiff in der Palastkapelle (Cappella Palatina) erhalten. Interessant ist auch der Saal der Barone (Sala dei Baroni), in welchem heute noch die Plenarsitzungen des Stadtrates von Neapel abgehalten werden. Im hier untergebrachten Museo Civico kann man eine Ausstellung über die Stadtgeschichte besuchen.
Öffnungszeiten: Montag bis Samstag, 9–19 Uhr
Piazza Municipio
80133 Napoli
Tel. 081/795 77 22

Palazzo Reale

Der spanische Vizekönig Fernandez Ruiz de Castro ließ um 1600 zu Ehren des Besuches seines Königs Philipp III. einen neuen Palast erbauen. Der Besuch fand leider nie statt, aber die „Reggia" löste das Castel Nuovo als königliche Residenz ab. Im 17. Jahrhundert war dies ein Ort der Musikkultur. Später wurde der Palast als Porzellanfabrik, Druck- und Zeughaus genutzt. Heute ist der Palazzo Reale ein öffentliches Gebäude und dient verschiedensten Zwecken. Seit 1925 ist er Sitz der neapolitanischen Nationalbibliothek mit einer einzigartigen Papyrussammlung aus Herculaneum. Weiters kann man die königlichen Gemächer, das Hoftheater und die Hofkapelle besichtigen.

Öffnungszeiten: Wochentags 9 bis 20 Uhr (Mittwoch geschlossen)
Piazza del Plebiscito 1
80132 Napoli
Tel. 081/5808255
www.comune.napoli.it

Der Palazzo Reale sollte für den Besuch von Papst Franziskus 2015 renoviert werden. Leider wurde man nicht rechtzeitig fertig. Das Gerüst steht heute noch.

Museo Archeologico Nazionale
Am Ende der Via Toledo steht das Museo Archeologico Nazionale. Es wurde ursprünglich Ende des 16. Jahrhunderts für die königliche Kavallerie erbaut, im 17. Jahrhundert als Universität adaptiert und Ende des 18. Jahrhunderts, nachdem die Universität ins ehemalige Kloster Gesù Vecchio verlegt worden war, zum königlichen Museum. Seit 1860 gehört es dem Staat. Das Museum beherbergt eine der größten und interessantesten archäologischen Sammlungen der Welt. Der Großteil der bei den Ausgrabungen am Fuße des Vesuvs (Pompeji, Herculaneum etc.) zutage geförderten Gegenstände befindet sich heute hier im Museum von Neapel. Zu sehen gibt es auch ein aufwendiges Modell der Ausgrabungen von Pompeji.
Öffnungszeiten: Wochentags 9 bis 19 Uhr (Dienstag geschlossen)
Piazza Museo 19
80135 Napoli
Tel. 081/44 22 149
www.comune.napoli.it

SALSA
NAPOLI
MOZZARELLA
DI BUFALA

5.
I NAPOLETANI

Die Menschen Neapels

Die Neapolitaner sind ein sehr gastfreundliches Volk. Jeder ist willkommen. Es gibt keine Berührungsängste, keinen Fremdenhass. Das wäre in einer Hafenstadt, die seit Jahrtausenden von Menschen aus aller Welt überschwemmt wird, auch absurd. Die Neapolitaner sind daher auch sehr gemischt. Die vielen Völker, die hier schon am Fuße des Vesuvs lebten, haben in den letzten zweitausend Jahren nicht nur in der Architektur und Kultur ihre Spuren hinterlassen. So tragen auch die Menschen das genetische Vermächtnis ihrer vielfältigen Vorfahren in sich. Wenn man an Neapolitaner denkt, stellt man sich in der Regel Menschen mit schwarzen Haaren und dunklen Augen vor. In Wirklichkeit gibt es hier jedoch die unterschiedlichsten Typen. Mein eigener Cousin Salvatore zum Beispiel ist sehr hellhäutig, hat weißblonde Haare und hellblaue Augen, während der Rest der Familie dunkel ist. Ein guter Freund, Luca, hat rote Haare und Sommersprossen, seine Frau Anna hingegen lange schwarze Stoppellocken (eine Pracht!), ihr gemeinsames Kind ist blond und hat blaue Augen. Und sie sind allesamt waschechte Neapolitaner! Dass es so viele blonde und rothaarige Menschen in Neapel gibt, soll übrigens ein Vermächtnis der Normannen sein, sagt man.

Auf dem Vesuv war ich nur ein einziges Mal als Kind.

Jeder Fremde wird hier also herzlich empfangen. Man nimmt ihn in die Familie auf und bewirtet ihn. Er bekommt reichlich zu essen und zu trinken und sollte sich womöglich nicht dagegen wehren, da das einer Beleidigung des Gastgebers gleichkäme. Zumindest einen „caffè" muss er trinken, der kleinste gemeinsame Nenner der italienischen Gastfreundschaft. Auch wenn man ansonsten keinen Kaffee trinkt, denn erst dann sind alle glücklich und zufrieden.

I bambini

Besonders Kinder haben in Neapel Narrenfreiheit. Anders als in nördlichen Ländern werden sie nicht einfach aus dem Leben der Erwachsenen mittels Tagesbetreuungsstätten oder Babysittern „hinausorganisiert", sondern sind ein selbstverständlicher Teil der Familie. Sie nehmen teil am täglichen Leben. Geht die Mamma zum Einkaufen, kommen die Bambini einfach mit. Muss Papà arbeiten, hat er manchmal auch die Kinder im Schlepptau und wird dafür nicht, wie anderswo in

Italien oder jenseits des Brenners, belächelt. (Ich selbst habe meine Tochter auch ständig bei Terminen dabei, was in Wien außerhalb meines Habitats bisweilen auf Unverständnis stößt, für mich als Neapolitanerin jedoch das Natürlichste der Welt ist.) Erwartet man Gäste, sind die Kinder selbstverständlich dabei. Nonni, Zii, Geschwister und Freunde – immer ist jemand da, der ganz selbstverständlich ein Auge auf die lieben Kleinen hat. Das hat natürlich auch damit etwas zu tun, dass es in Neapel noch immer viele Großfamilien gibt. Unsere Familie zum Beispiel wohnt fast zur Gänze im selben Haus. Unsere Wohnung liegt im 3. Stock eines Wohnhauses in Portici mit Blick über den Golf von Neapel. Meine Tante, Zia Olimpia, hat gleich das Appartement nebenan, ihre Türe ist, seit ich denken kann, immer offen. Im Stock darüber wohnte bis zu ihrem Tod einst unsere Nonna. Nach ihrer Hochzeit letzten August ist nun meine Schwester Elena mit ihrem Mann Francesco dort eingezogen. Sie erwarten ihr erstes Kind. Im Nebenhaus wohnt Zia Assunta mit ihren beiden Söhnen, und in einer kleinen Garçonnière gegenüber unserer Terrasse der alleinstehende Zio Gigi. Morgens winkt er immer mit seinem „caffè“ in der Hand vom Balkon herüber. Mit meinem neuen Neffen sind wir dann ungefähr zwanzig De Lucas, die zumindest sonntags immer gemeinsam an einem Tisch essen. So ist man nie alleine und jeder bringt etwas Köstliches mit. Nur meine Cousinen sind da etwas anders. Sie sind nach der Hochzeit mit ihren Männern in einen benachbarten Bezirk gezogen. Tja, überall gibt es schwarze Schafe …

Gastfreundschaft

Überhaupt ist es wohl das Beste, was einem im Leben passieren kann, bei einer neapolitanischen Familie zu Gast zu sein. Man wird königlich behandelt, es fehlt einem an nichts. Jeder Wunsch wird einem von den Augen abgelesen. Sobald man nur einen äußert, wird er prompt erfüllt. Und das mit einer Nonchalance, die dem Gast auf keinen Fall zu verstehen geben soll, wie groß eventuell das Opfer ist, das der Gastgeber dafür bringen musste. Jedoch sollte man gut aufpassen, was man sich so wünscht. Denn auch bloß in einer Laune salopp dahingesagte Wünsche werden ernst genommen und auf jeden Fall in die Realität umgesetzt – sollte es auch für den Gastgeber noch so beschwerlich sein! Spielt man dann das Spiel nicht mit, nimmt die Sache nicht ernst oder erweist den Anstrengungen des anderen nicht den gebührenden Respekt, so ist dieser zu Tode beleidigt und gekränkt. Auch wenn er es sich nicht anmerken lässt und dem Gast gegenüber kein Wort darüber verliert, zieht ein solcher Fauxpas tagelange Diskussionen in der Familie nach sich und seine Kreise durchs gesamte Quartier.

So äußerte meine Freundin Katharina, die ich einmal zu Ostern nach Neapel mitgebracht hatte, eines Tages beim Frühstück den lapidaren Wunsch, den Vesuv sehen zu wollen. Sie wollte damals bloß ihre Italienischkenntnisse aus der Schulzeit auf die Probe stellen und das in der Annahme, morgens früh um acht zwischen Cornetto und Cappuccino bloß belanglose Konversation zu betreiben. Jedoch weit gefehlt! Sie hatte die Rechnung im wahrsten Sinne des Wortes ohne den Wirt gemacht. Kaum war ihr der Wunsch über die Lippen gekommen, begannen die Familienmitglieder sofort untereinander darüber zu diskutieren und konkrete Pläne für einen solchen Ausflug zu schmieden. Obwohl natürlich alle zu tun hatten, stellten sie den Wunsch des Gastes über ihre

Damals sind wir in ein Restaurant in der Nähe des Kraters eingekehrt.

Alltagspflichten und waren prompt mit der sofortigen Umsetzung desselben zugange. Katharina bekam jedoch von all dem nichts mit. Ihr Schulitalienisch reichte nicht aus, um der sich nun um dieses Thema entfachenden und emotional zuspitzenden Konversation von zehn Personen, die alle gleichzeitig auf Neapolitanisch aufeinander einredeten, zu folgen. Und so nahm sie nichts ahnend eine flüchtig nebenbei erwähnte Einladung zum „caffè“ abends im Gambrinus seitens meines Bruders Antonio an, was fatale Folgen haben sollte. Bis heute.

Während mein Bruder nun abends mit drei Freunden im Gefolge vor der Opera San Carlo, wo Parkplätze knapp und die Parkwächter streng sind, auf meine Freundin wartete, um sie mit einer spontanen Spritztour auf den Vesuv zu überraschen, im Zuge derer er nach der Besichtigung des Kraters ein Abendessen plante, weshalb er einen Tisch für zwanzig Personen in einem Restaurant in Kraternähe reserviert hatte, von wo aus man eine spektakuläre Aussicht über den gesamten Golf von Neapel, Capri, Ischia und die darunter liegende Stadt mit ihren Tausenden Lichtern hat, saßen Katharina und ich nach einem langen Sightseeingtag todmüde und nichts ahnend von den hochtrabenden Plänen meines Bruders in einer kleinen Bar auf der Spaccanapoli, am anderen Ende der Stadt, und aßen Pizza.

Natürlich hatten wir daran gedacht, Antonio eine SMS zu schicken, um ihn darüber zu informieren, dass wir es heute nicht schaffen würden und den „caffè" auf ein anderes Mal verschieben müssten. Die Nachricht hätte ihn wohl auch noch erreicht, hätten nur die Akkus unserer beiden Handys nach einem langen Tag unterwegs auf den touristischen Trampelpfaden der Stadt nicht den Geist aufgegeben, bevor wir sie abschicken konnten. So standen nun seine Freunde und er ganz verzweifelt auf der Piazza Trieste e Trento und versuchten, mal Katharina, mal mich im Minutentakt anzurufen, was jedoch nicht klappte. Nachdem sie von den Carabinieri mehrmals aufgefordert worden waren, das Auto umzuparken und mein Bruder schlussendlich auch noch die Restaurantreservierung stornieren und die anderen fünfzehn Personen informieren musste, die zum Abendessen auf den Vesuv hätten kommen sollen beziehungsweise schon dort waren, gaben sie auf.

Aber das alles erfuhr ich erst, nachdem Katharina zwei Tage später Neapel wieder verlassen hatte. Bis zu ihrer Abreise verlor keiner aus meiner Familie ihr gegenüber auch nur ein Wort darüber. Mein Bruder konnte sich seinen Zorn über den „undankbaren" Gast verkneifen und hauchte ihr zum Abschied am Flughafen lediglich beiläufig ins Ohr: „Peccato! – Schade, dass du schon wieder fahren musst, ich hätte dir gerne noch den Vesuv gezeigt", was sie sehr charmant fand.

Kaum aber war sie abgeflogen, fielen alle über mich her, und es gab kein anderes Gesprächsthema mehr in unserer Familie – bis Weihnachten. Selbst heute noch sprechen mich wildfremde Leute in der Nachbarschaft ob meiner „amica viennese ingrata" an. Als brave Neapolitanerin habe ich ihr natürlich nie davon erzählt. Zumindest bis heute …

Aber die Neapolitaner haben natürlich auch ihre guten Seiten. So nachtragend sie im Falle von (vor allem seitens des Gastes!) enttäuschter Gastfreundschaft auch sein können, einer ihrer absoluten Vorteile ist die sonstige Offenheit dem Leben gegenüber. „Carpe diem", „Leben und leben lassen" und die berühmte „arte di arrangiarsi" zählen zu ihren absoluten Stärken. Die Menschen in Neapel verstehen es, das Leben zu genießen. Sie schätzen die vermeintlich kleinen Dinge des Lebens, die eigentlich die ganz großen sind. So kann der Neapolitaner (wie kein anderer Italiener) gutem Essen einfach nicht widerstehen. Mit einfachsten, aber qualitativ unübertrefflichen Zutaten bereitet er ein Festmahl zu und das jeden Tag. Wichtig ist auch, in Gesellschaft zu essen. Beides hat in Neapel einen sehr hohen Stellenwert.

Einen Teller Pasta gibt es immer, für jeden. Neben dem „caffè" ist nämlich auch die Pasta der kleinste gemeinsame Nenner des neapolitanischen Gesellschaftslebens und der Kitt im sozialen Gefüge. Wenn man zwischen 11 und 15 Uhr Besuch erhält, fragt man auf jeden Fall, ob der Gast schon gegessen hat. Und wenn nicht, so folgt mit den Worten „Vuoi favorire?" zwangsläufig die Einladung, zumindest einen Teller Spaghetti mitzuessen. Auch Fremde werden verköstigt, egal wer sie sind, egal woher sie kommen. Wenn Essenszeit ist, darf jeder mitessen, der gerade da ist, ob Nachbar, Tourist oder Flüchtling. In ihrer Menschenwürde sind dann alle gleich. Und genau dafür liebe ich die Neapolitaner so sehr.

'A Livella

Einer der schönsten Texte über die Ebenbürtigkeit aller Menschen, der jemals geschrieben wurde, stammt übrigens von dem beliebten neapolitanischen Volksschauspieler und Poeten Totò (Antonio De Curtis). In seinem berühmten, in neapolitanischem Dialekt verfassten Gedicht „'A Livella", was ins Deutsche übersetzt soviel wie „Auf einer Ebene" bedeuten soll, treffen am Allerseelentag zwei Tote am Friedhof aufeinander: ein adeliger Graf, Herr von Rovigo und Belluno, kühner Held Tausender Unternehmungen, und Gennaro Esposito, seines Zeichens Straßenkehrer. (Der Familienname Esposito ist in Neapel sehr verbreitet. Er stammt von dem lateinischen Wort „expositus", was soviel wie „ausgesetzt" bedeutet, und wurde einst nur von Findel- und Waisenkindern getragen.) Der Graf, dessen marmornes Mausoleum mit Kronen, Laternen und üppigem Blumenschmuck verziert ist, ist in seiner angeborenen Überheblichkeit darüber erzürnt, dass der andere an seiner Seite zur letzten Ruhe gebettet wurde. Woraufhin der Straßenkehrer, dessen schmucklose Ruhestätte gerade einmal seinen Namen auf einem Holzkreuz trägt, bloß antwortet: „Ein König, ein Richter, ein großer Mann, wenn sie durch dieses Tor geschritten sind, dann haben sie alles verloren, Leben und Namen. Hast du es noch nicht begriffen? [...] Diese dummen Streiche machen nur die Lebenden: Wir sind ernsthafte Menschen ... denn wir gehören dem Tod." Dieses Gedicht versinnbildlicht für mich die neapolitanische Volksseele. Es führt deutlich vor Augen, weshalb es in Neapel bis heute ein friedliches Miteinander gibt, obwohl hier wie kaum anderswo in Europa ein so starkes soziales Gefälle und große Klassenunterschiede herrschen.

A *Geburtshaus Totò*
B *Largo Totò*
C *Teatro Totò*
D *Teatro San Ferdinando*
E *Palazzo Sanfelice*

6.
IL NAPOLETANO

Sprache, Dialekt und Gebärden

Jahrhunderte von Fremdherrschaft haben ihre Spuren natürlich auch in der Sprache hinterlassen. Kein anderer Dialekt in ganz Italien weist so viele Lehnwörter wie das Neapolitanische (Napulitano [nnapulɪˈtaːnə]) auf, das 2008 sogar gesetzlich als Sprache anerkannt wurde. Viele typische, in Neapel gebräuchliche Ausdrücke rühren aus der mehr als dreihundertfünfzigjährigen spanischen Herrschaft und haben daher mehr mit dem Spanischen als mit dem Italienischen gemein. So ist beispielsweise das ständig verwendete „amprèssa" (für rasch und eilig) dem spanischen „apriesa" näher als dem italienischen „in fretta" oder „presto". Und während man auf Italienisch etwas besitzt oder hat, wenn man „avere" verwendet, heißt es im Neapolitanischen „tenere", gleich dem Spanischen „tenér". Oder „lo sfizio", was dem italienischen „voglia" oder „capriccio" entspricht, stammt aus dem Katalanischen, womit ein leidenschaftliches Verlangen bezeichnet wird.

Aber auch die Anjou haben der neapolitanischen Sprache ihren Stempel aufgedrückt. So entspringt der ständig verwendete Ausdruck „guaglione" für Bursche (ital. ragazzo) aus einer altfranzösischen Form des Wortes „garcon", und auch heute noch werden Frauen als „femmina" (ital. donna, franz.

Der beliebte Schauspieler Totò hat die vielen Gesichter der Neapolitaner in seinen Filmen perfekt verkörpert.

femme) und Männer als „omme" (ital. uomo, franz. homme) bezeichnet.

Eines aber ist wissenschaftlich erwiesen: Zum Neapolitaner muss man geboren sein. Laut einer Studie des Institutes für Psychologie der Universität Rom ist bei Neapolitanern das Gestikulieren offenbar angeboren. Ja, die meisten sind nicht einmal fähig, sich ohne gleichzeitige Gebärden sinnvoll auszudrücken, sprich: Das Unterdrücken der Handbewegungen führt zum unmittelbaren Zusammenbruch jeglicher Kommunikation. Die Gebärden mit ihren vielen Symbolen sind nämlich eine eigene Sprache. Die symbolischen Gesten ersetzen das Wort. Das geht so weit, dass sogar ganze Unterhaltungen, der Gebärdensprache für Gehörlose nicht unähnlich, geführt werden können, ohne dass auch nur ein Wort miteinander gewechselt wird.

Der Grund für die Entstehung dieser Art der Kommunikation liegt vor allem darin, dass Neapel seit jeher eine Hafenstadt ist. Menschen aus aller Herren Länder mit verschiedensten Sprachen und Dialekten mussten tagtäglich miteinander auskommen und sich einander verständlich machen. Da wird man natürlich erfinderisch.

Das Gestikulieren ist bei allen Mittelmeervölkern stark verbreitet, aber nirgendwo nimmt es so bizarre Ausmaße an wie in Neapel. Sogar beim Telefonieren kann sich der Neapolitaner seinem Gesprächspartner am anderen Ende der Leitung nur durch das gleichzeitige Anwenden von Gesten verständlich machen. Auch wenn sein Gegenüber diese gar nicht sehen kann.

Falls Sie in Neapel mit jemandem sprechen sollten, vergessen Sie also nicht: Ihr mühsam erlerntes Schulitalienisch wird hier nicht ausreichen. So perfekt Sie es auch auszusprechen und zu betonen vermögen, wenn Sie wollen, dass man Sie versteht, müssen Sie Ihre Worte auch durch die richtigen Gesten unterstreichen. Glauben Sie nicht? Probieren Sie es aus! Sie werden staunen …

Ein Meister der Gebärdensprache war der schon erwähnte neapolitanische Volksschauspieler und Komödiant Totò (1898–1967). Mit bürgerlichem Namen Antonio De Curtis, wuchs er als uneheliches Kind eines adeligen Principe und einer einfachen Frau aus dem Volk bei seiner Mutter im Armenviertel Rione Sanità auf, wo er zu einem scharfen Beobachter des Lebens und der Menschen wurde. In seinen unzähligen Filmen verkörperte er immer wieder den kleinen Mann von der Straße, der sich mit List und Humor durch die Widrigkeiten des Lebens schwindelt.

Zu den besten seiner unzähligen Filme zählen „Miseria e nobiltà“, „Guardie e ladri“ und, mein absoluter Lieblingsfilm, „Totò, Peppino e la dolce vita“ mit Peppino De Filippo, einem weiteren großartigen neapolitanischen Volksschauspieler und Bruder des in Neapel hoch verehrten Schriftstellers Eduardo De Filippo.

Totòs Humor liegt vor allem in seinen Formulierungen. Der feine Wortwitz kommt erst durch seinen neapolitanischen Dialekt und die Unterstreichung durch die bizarrsten Gesten zur Geltung, weshalb jede übersetzte Version leider an

Bedeutung verliert. Viele seiner Sprüche wurden zu geflügelten Worten. Seine Filme sind Klassiker und werden von Jung und Alt immer noch gerne gesehen. Mit nur einer kleinen Geste, gar einem Blick konnte er die komplexesten Sachverhalte ausdrücken.

In einer Szene des Films „Totò, Peppino e la ... malafemmina“ von 1956, bei der ich jedes Mal Tränen lachen muss, zeigen die beiden brillanten Schauspieler mit einfachsten Mitteln, wie groß der Unterschied zwischen Nord und Süd, Arm und Reich, Italienisch und Neapolitanisch ist. Die legendäre Szene zweier einfältiger Neapolitaner, die sich in Mailand gleichsam im Ausland wähnen und daher einen einheimischen Wachmann, den sie für einen deutschen General halten, mit Händen und Füßen nach dem Weg fragen, gipfelt im Satz „Noio volevam savoir l'indiris ...“, einem Kauderwelsch aus verschiedensten Sprachen, mit dem sie den Polizisten zur Verzweiflung treiben. Prädikat: Unbedingt sehenswert!

In der Via San Biagio dei Librai in Spaccanapoli, dem Herzen Neapels, gibt es ein Geschäft, das ausschließlich Totò gewidmet ist, und im Rione Sanità, seinem Heimatbezirk, hat man ihm eine Piazza samt Denkmal sowie ein eigenes Theater gewidmet. Überall findet man Graffitis, Schilder und Darstellungen von seinem markanten Konterfei mit dem vorgestreckten Kinn. Man sagt, dass er sich beim Üben und Einstudieren seiner typischen Grimassen vor dem Spiegel einst den Kiefer ausgerenkt haben soll, welches seinem Gesicht dieses unverkennbare, leicht schiefe Profil gab. Er wird (wie einst Hans Moser von den Wienern) von den Neapolitanern wie ein Familienmitglied geliebt und als ihr größter Schauspieler verehrt. Denn niemand hat je den Neapolitaner so perfekt skizziert wie er. Tja, ein bisschen Totò steckt eben in jedem von uns.

Geburtshaus von Totò

Das Geburtshaus des beliebten Volksschauspielers Totò, in dem er als Antonio De Curtis bis zum Alter von 24 Jahren mit seiner Mutter lebte, liegt im Armenviertel Neapels (Rione Sanità). Das Haus ist heruntergekommen, aber bis heute bewohnt. Bis auf eine kleine Marmortafel, die zwischen Balkonen und Wäscheleinen an der Fassade angebracht ist, und so manchem Graffiti erinnert nicht viel an den großen Künstler. Dennoch ist es einen Besuch wert, wenn man die Seele Neapels und seiner Menschen besser kennenlernen will. Allerdings ist der Weg dorthin nicht offiziell beschriftet, sodass man am besten den von den Menschen im Viertel selbst gebastelten Hinweistafeln folgt.

Via Santa Maria Antesaecula 109
80137 Napoli

Für die Neapolitaner unverständlich, dass Totòs Geburtshaus nicht für Besucher geöffnet wird. „Totò stirbt zum 2. Mal“ steht vorwurfsvoll auf einer Parte, die im ganzen Viertel affichiert wurde.

Aber es gibt – zwar nur auf private Initiative, aber doch – ein Teatro Totò!

Teatro Totò
Unweit von Totòs Geburtshaus entstand 1996 in den Räumlichkeiten eines ehemaligen Kinos aufgrund einer privaten Initiative ein Theater, das dem beliebten Volksschauspieler gewidmet ist. Hier werden bis heute, mit großem Erfolg, typische neapolitanische Volkskomödien aufgeführt.
Via Frediano Cavara 12
80137 Napoli
Tel. 081 564 7525
www.teatrototo.it

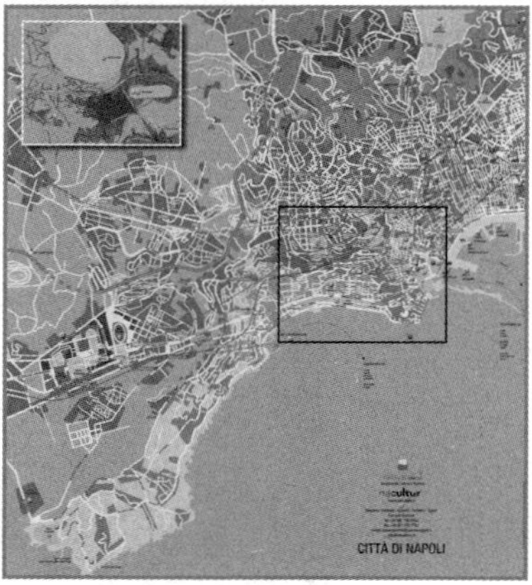

A *Teatro San Carlo*
B *Teatro Sannazzaro*
C *Palazzo delle Arti di Napoli (PAN)*

7.
BELLA FIGURA

Ganz Neapel eine Bühne

Neapolitaner sind geborene Schauspieler. Ihr Hang zur Selbstdarstellung macht ihren Alltag zu etwas Besonderem. Ohne die vielen theatralischen Gesten und dramatischen Szenen wäre das Leben in den neapolitanischen Familien ansonsten genauso eintönig wie anderswo auf der Welt.

Sicherlich mag es einem Österreicher oder Deutschen (wie einst meiner Mutter, einer Wienerin mit Leib und Seele) übertrieben vorkommen, mit der Gemüsefrau nach eingehender Prüfung der Ware stundenlang zu diskutieren, ob die Tomaten reif sind oder nicht, oder, wie Mama es so treffend formulierte, „um jedes Büschel Petersil' feilschen zu müssen". Aber erst dadurch bekommt das Leben für den Neapolitaner seine Würze. Und die darauf folgende Einmischung der Passanten, begleitet von theatralischen Szenen am gesamten Markt, macht einen simplen Einkaufsbummel zu einem Abenteuer. Sicherlich könnte man der Einfachheit halber auch in den Supermarkt gehen, sich rasch selbst ein paar Tomaten in der Dose aus dem Regal holen und beim Zahlen kein Wort mit der Kassiererin wechseln, aber um Gottes Willen, doch nicht in Neapel! Hier ist das Leben eine einzige große Bühne.

Pulcinella, der „kleine Mann“, ist in Neapel allgegenwärtig und mischt sich sprichwörtlich überall unters Volk.

Neapels Urkomiker ist Pulcinella. Als liebenswerter, lauter und pfiffiger Vielfraß (oft wird er mit Spaghetti in der Hand dargestellt) ist er die Verkörperung der neapolitanischen Volksseele. Seine Charakteristika sind eine schwarze Halbmaske mit großer Nase, ein weites, weißes Gewand und eine Zipfelmütze. Er unterhält sich vor allem mit Zeichen und Gebärden. Sein Symbol ist die Maske, er stellt den kleinen Mann von der Straße dar: Jahrhundertelang unterdrückt, ohne Persönlichkeit, nur einer von vielen, ist er dennoch immer guter Laune und sagt stets seine Meinung. In Neapel ist er auch heute noch omnipräsent. Ob als Firmenschild, Pasta-Etikett oder Gipsfigur für Touristen – der weiß gekleidete Mann mit Zipfelmütze und schwarzer Maske begegnet einem einfach überall in der Stadt. Und wenn man durch die Gassen Neapels flaniert, genau hinschaut und den Leuten zuhört, wird man schnell merken, dass er bis heute nicht ausgestorben ist. Gleich ob streitende Autofahrer, diskutierende Geschäftsleute, lamentierende Hausfrauen, spielende Kinder – Pulcinella lebt!

Die Figur des Pulcinella geht auf die Legende eines gewissen Puccio d'Aniello aus dem 17. Jahrhundert zurück, der ein recht frecher Bursche und Schausteller bei einer Wanderbühne gewesen sein soll. Seit dem 18. Jahrhundert ist Pulcinella die

Symbolfigur des neapolitanischen Volkstheaters und spielt als liebenswerter Possenreißer in der Commedia dell'Arte eine wichtige Rolle. Das war die Zeit, in der auch die Opera Buffa entstand und das neapolitanische Volkstheater florierte. Heute gibt es zwar Fernsehen und Internet, die Tradition des Pulcinella jedoch hat sich über die Jahrhunderte erhalten. Die neapolitanische Komödie setzt sich im Film (nicht zuletzt in Totò, der als Pulcinellas moderne Personifizierung galt) genauso wie im Marionettentheater für Kinder fort, das man hier zuweilen mit richtiger Bühne, roten Samtvorhängen und mitten auf der Piazza stehenden Sesselreihen auf öffentlichen Plätzen sehen kann. Allerdings nicht umsonst, hierfür wird, auch beim ringsum stehenden Publikum, wie mit einem Klingelbeutel Eintritt abkassiert.

Wenn man sich allerdings einen netten Theaterabend machen und einmal eine typische neapolitanische Komödie sehen möchte, dann sind das Jugendstil-Theater Sannazaro in der Via Chiaia 157, wo schon die große Eleonora Duse im damaligen Café Chantant auftrat, oder das Teatro San Ferdinando in der Nähe der Pontenuovo genau richtig. Letzteres entstand wie viele Theater in ganz Europa Ende des 18. Jahrhunderts infolge der Französischen Revolution als Volkstheater für das Bürgertum und wurde im Laufe der Jahrhunderte durchgängig genutzt, eine Zeit lang sogar als Kino. Im Zweiten Weltkrieg teilweise durch einen Bombentreffer zerstört, wurde es nach dem Krieg vom berühmten Schriftsteller und Schauspieler Eduardo De Filippo wiederaufgebaut und erlebte unter seiner Führung eine wahre Blüte, ehe es nach dessen Tod immer mehr zu einem Theatermuseum verkam und 1980 aus finanziellen Gründen ganz geschlossen werden musste. 2007 schenkte De Filippos Sohn das Gebäude der Stadt Neapel, die es aufwendig renovierte. Seither gilt das San Ferdinando als der Hohetempel des neapolitanischen Volkstheaters.

Teatro Sannazaro
Via Chiaia 157
80121 Napoli
Tel. 081/ 081 418824
www.teatrosannazaro.it

Teatro San Ferdinando
Piazza Eduardo De Filippo 20
80133 Napoli
Tel. 081/292030
www.teatrostabilenapoli.it

Die mit Abstand schönste Theatererfahrung meines Lebens jedoch machte ich in Neapel, als ich zum ersten Mal das Teatro San Carlo besuchte. Das war gar nicht so einfach, denn die Logen und besten Plätze sind seit Generationen fest in Händen der neapolitanischen Upperclass. Adel und Bürgertum verstehen dieses Theater auch heute noch als das ihre. Tatsächlich hat die Atmosphäre etwas Intimes, gleich einem Familientreffen. Nie

Im Teatro San Ferdinando wird die neapolitanische Sprache gepflegt.
Hier führt man sogar Shakespeare in Dialekt auf.

zuvor und auch nie wieder danach habe ich so elegante Menschen und so viel teuren Schmuck in einem Theater gesehen wie damals. Besonders bewegend ist, dass es sich dabei angeblich um das älteste noch bespielte Opernhaus Europas handelt. (Allerdings beanspruchen diesen Titel europaweit auch noch einige andere Bühnen.) Im Jahr 1737 erbaut, zählt es auch heute noch zu den bedeutendsten Opernhäusern der Welt. Mozart hat hier als Kind vor dem neapolitanischen König konzertiert, der berühmte Kastrat Farinelli hat hier gesungen und Scarlatti war schon mit 16 Jahren Hofkomponist des neapolitanischen Königs. Verdi, Rossini und Donizetti haben bereits an diesem Haus dirigiert. Die größten italienischen Sänger von Caruso bis Pavarotti haben schon auf dieser Bühne gestanden. Außerdem verfügt das Theater über eine der ältesten Ballettschulen Italiens. Aber auch der Umstand, dass man die Aufführungen nicht täglich, sondern an nur wenigen Tagen im Monat besuchen kann, macht einen Opernabend im Teatro San Carlo zu etwas Besonderem. Ein Opern-Billett zu ergattern bedarf also schon einiger Beharrlichkeit und einer großen Portion Glück. Als ich dann aber endlich selig auf einem der mit rotem Samt bezogenen Polstersessel im Parkett saß und sich der Vorhang hob, hatte ich zweifelsohne das schönste Opernerlebnis meines ganzen Lebens!

Zum ersten Mal wurde mir bewusst, dass selbst Barockopern modern sein können. Ich sah damals eine Opera Buffa (Mozarts *Le Nozze di Figaro*), die ja auf Italienisch gesungen wird, als das Publikum zu meinem anfänglichen Entsetzen (welch Sakrileg!) plötzlich schallend lachte. Und wieder. Und immer wieder. In all den Jahren, in denen ich die prächtigsten Aufführungen an der Wiener Staatsoper gesehen habe, hatte ich noch nie irgendeine Gefühlsregung des Publikums wahrnehmen können, die zu erkennen gegeben hätte, dass die Menschen die Oper auch verstanden, geschweige denn als das verstanden, was sie tatsächlich war: Unterhaltung! Nein, in Wien ist Oper stets hohe Kunst, der man in Andacht zu lauschen hat. Jede andere Reaktion würde mit Naserümpfen oder gar Empörung bestraft. In Neapel hingegen ist es Comedy vom Feinsten. Tja, die Menschen hier verstehen nämlich, was da oben auf der Bühne gesungen und gesprochen wird. Es sind Szenen aus dem Leben, wie sie auch heute noch im Alltag der Neapolitaner vorkommen, zwischen Liebe und Hass, Freud und Leid, Leben und Tod.

Real Teatro di San Carlo

Das Teatro San Carlo ist angeblich das älteste noch operative Theater Europas. Es wurde 1737 im Auftrag von König Karl III. erbaut, also 41 Jahre früher als die Mailänder Scala, worauf die Neapolitaner besonders stolz sind. Es zählt zu den bedeutendsten Opernhäusern der Welt. Die größten Sänger und Dirigenten sind hier aufgetreten. Außerdem verfügt das San Carlo über eine der ältesten Ballettschulen Italiens.
Via San Carlo 98/F 80132 Napoli
Tel. 081/797 23 31-421 (Kartenreservierungen)
www.teatrosancarlo.it

Ganz Neapel ist eben eine Bühne! Und die Menschen sind die Schausteller auf diesem Markt der Eitelkeiten. „Sehen und gesehen werden“ lautet das Motto, weshalb sich das Leben in Neapel vor allem auf der Straße abspielt. Zu jeder Jahreszeit drängt es die Menschen hinaus. Immer und überall will der Neapolitaner eine „bella figura“, einen guten Eindruck, machen, „scheinen statt sein“ könnte man beinahe sagen. Ein Volk von Selbstdarstellern. Lauter schöne und elegante Menschen, wohin das Auge reicht! Vom Kind bis zum Greis, von der Hausfrau bis zur Geschäftsfrau, vom Arbeiter bis zum Generaldirektor sind alle eitel. Man hält auf sich. Nie würde der Neapolitaner das Haus nicht „picco bello“ verlassen. Man gibt vor, etwas respektive jemand zu sein – was oder wer, das ist eigentlich nebensächlich. Hauptsache, man spielt seine Rolle.

Wer es sich leisten kann, kauft in der Boutique.
Für die anderen gibt es die Bancarelle gleich um die Ecke.

Tatsache ist, dass man auf der Straße lauter gepflegte und gut gekleidete Menschen sieht, was die eigene Laune hebt und den Wunsch verstärkt, ebenfalls eine „bella figura" zu machen. Ständig macht man sich gegenseitig Komplimente. „Ciao bello! Ciao bella!" Und tatsächlich fühlt man sich dadurch bestärkt und besser. Es handelt sich, wie man also sieht, um ein gesellschaftliches Phänomen. Dementsprechend groß sind der Kult und das Geschäft rund um das Thema Schönheit. Denn jeder will schön sein, egal ob arm oder reich. Und jeder kann hier auch schön sein, egal ob arm oder reich. So befinden sich in den Hauptstraßen Neapels die teuren Boutiquen, Friseurstudios und Beautysalons, während man gleich um die Ecke in den dunklen Seitengassen die günstigeren Varianten davon findet: die Geschäfte mit Kopien der aktuellen Mode, kleinere Hinterhoffriseure und Do-it-yourself-Kosmetikerinnen. Davon gibt es noch eine Abstufung: die „private" Variante. In Wohnungen überall in der Stadt werden von tüchtigen Hausfrauen, die sich ihr Haushaltsgeld aufbessern wollen, dieselben Dienstleistungen noch günstiger angeboten. Und ab und zu trifft man hier auch auf gefälschte

Produkte von Gucci, Dolce & Gabbana, Louis Vuitton und anderen Marken.

All die Mühe scheint sich jedoch zu lohnen. So stammt beispielsweise eine der schönsten Frauen des internationalen Films aus Neapel: Sophia Loren wuchs einst als Sofia Villani Scicolone im ärmlichen Vorort Pozzuoli auf, ehe sie in den 1940er-Jahren von ihrer Mutter bei diversen Schönheitswettbewerben präsentiert wurde und 1950 mit nur 16 Jahren den zweiten Platz bei der Wahl zur „Miss Roma" machte. Damals lernte sie auch ihren späteren Ehemann, den italienischen Regisseur Carlo Ponti kennen, machte erst Karriere in Cinecittà und später in Hollywood. Und auch der markante italienische Schauspieler Raoul Bova, der schon in so mancher Hollywood-Produktion den klassischen Latin Lover gemimt hat, hat neapolitanische Wurzeln. Wie Bud Spencer war er ursprünglich Profischwimmer und stieß erst später zum Film. Seither ist er eines der internationalen Aushängeschilder Neapels. Tja, auch das ist ein Stück „Bella Napoli".

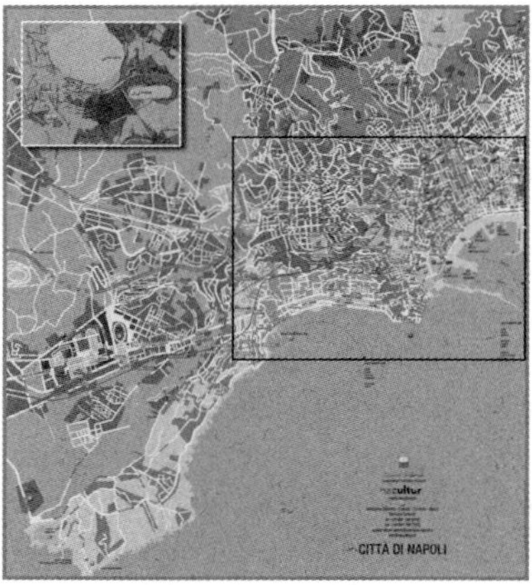

- **A** *Zi Teresa*
- **B** *Transatlantico*
- **C** *L.U.I.S.E.*
- **D** *L'Antica Pizzeria Da Michele*
- **E** *Pasticceria Pintauro*
- **F** *Gambrinus*
- **G** *Pizzeria Brandi*
- **H** *Intra Moenia*

8.
LA CUCINA NAPOLETANA

Essen & Trinken

„Liebe geht durch den Magen“ und „Essen und Trinken hält Leib und Seele zusammen“. Diese beiden Sprichwörter gelten wohl überall auf der Welt, besonders jedoch in Neapel. „Mangia che devi crescere!“ – „Iss, damit etwas aus dir wird!“ Das sagte bereits meine Nonna und war erst glücklich, wenn wir Kinder unsere Teller leer gegessen hatten.

Auch Papàs zweite Frau, Cira, ist der Inbegriff einer neapolitanischen Hausfrau und eine wahre Künstlerin in der Küche. Als echte italienische Mamma ist sie natürlich stets aufs äußerste besorgt, ihre Kinder satt zu bekommen. Auch wenn diese mittlerweile bereits über 30 Jahre alt sind. Wenn sie früh morgens als Erste aufsteht und den Frühstückstisch deckt, während der Rest der Familie noch schläft, stellt sie neben der Kaffeekanne meistens auch schon einen Topf fürs Mittagessen aufs Feuer. Irgendetwas brodelt immer auf dem Herd, und so erfüllt meist ein feiner Duft von Sugo das Haus. Gemeinsam mit dem Geruch von frisch gekochtem Kaffee und Candeggina, ein Bleichmittel, mit dem man in Süditalien die Steinböden aufwischt, löst diese Mischung in mir pures Wohlgefühl aus und vermittelt mir in einer Sekunde das Gefühl von Zuhause. Egal wo auf der Welt ich mich gerade befinde.

Cira, eine Köchin aus Leidenschaft

In Neapel scheint sich augenscheinlich alles ums Essen zu drehen. Die Stadt ist voll von kleinen Mercati, Alimentari, Macellerie, Panetterie, Pasticcerie, Ristoranti, Rosticcerie und Tavole Calde. Denn der Neapolitaner legt Wert auf gutes Essen – und das nicht nur an hohen Feiertagen, sondern täglich! In der Mittagspause, die aufgrund der Hitze meistens mehrere Stunden dauert, sind die Straßen der Stadt fast leer. Viele Neapolitaner gehen mittags tatsächlich noch zum Essen heim, ehe sie nachmittags wieder ins Büro zurückkehren. Die anderen ziehen sich in die Restaurants und Trattorien rund um ihren Arbeitsplatz zurück, wo sie gemeinsam mit den Arbeitskollegen essen und pausieren. Das ist noch echte Lebensqualität!

Die neapolitanische Küche (Wiege der berühmten Dieta Mediterranea) ist eine einfache und gesunde Küche, die durch die schnelle Zubereitung der Gerichte den einzelnen Zutaten ihre Eigenschaften lässt und sie so bestens zur Geltung bringt. Dementsprechend wichtig ist daher die Qualität der Lebensmittel. Fangfrischer Fisch, unterschiedlichste Fleischsorten, köstlichste Käsespezialitäten sowie frisches Obst und Gemüse werden täglich auf den vielen Märkten der Stadt verkauft. Hier hat man die Qual der Wahl und das zu moderaten

Preisen. Jeden Morgen schwärmen die Hausfrauen aus, um für das mittägliche Pranzo die köstlichsten Sachen zu besorgen, und die sind seit jeher wie selbstverständlich frisch, saisonal und regional.

Das ist am Fuße des Vesuvs, der mit seinem lavahaltigen Erdreich als einer der fruchtbarsten Landstriche Europas gilt, natürlich einfacher als in einem Supermarkt in Nordeuropa. Hier bringt der Boden außergewöhnliche Schätze hervor wie die Pomodori del Piennolo (eine besonders fruchtige Tomatensorte, die auf nur 500 m^2 rund um das Bergmassiv Somma-Vesuvio angebaut wird und sogar den Winter über hängend gelagert werden kann), Limoni di Amalfi (jene gigantischen, süßen Zitronen, aus denen auch der Limoncello gemacht wird), Friarielli, die weiter im Süden auch Cime di rapa genannt werden (ein in Wien leider nicht käuflicher Stängelbrokkoli von zartherbem Geschmack, den ich, sobald mich die Sehnsucht danach packt, daher oft selbst kistenweise per Handgepäck importiere), Fichi d'India (Kaktusfeigen), Nespole (Mispeln) und viele weitere Früchte, die man in Österreich oft gar nicht kennt, die hier jedoch auf dem täglichen Speisezettel stehen.

Viele dieser Produkte sind ob ihrer historischen und qualitativen Bedeutung durch besondere Siegel wie D.O.C., D.O.P. und I.G.P. geschützt oder zählen gar zum Weltkulturerbe. So natürlich das „Olio d'oliva". Es ist für den Neapolitaner (ausschließlich *extra vergine*, also erste Pressung) die Basis einer guten Küche und seiner Gesundheit. Daher kauft er nicht einfach im nächsten Supermarkt einen 5-Liter-Kanister irgendeiner aus der Werbung bekannten Marke, sondern erwirbt sein Öl ausschließlich beim Händler oder gar Bauern seines Vertrauens. 20 Liter pro Jahr verzehrt man hierzulande pro Kopf. Das macht einen Jahreskonsum von 100 bis 150 Liter pro Familie aus. Wenn man bedenkt, dass ein Baum nur 5 bis 7 Liter Öl pro Jahr abwirft, wird klar, warum der typische Neapolitaner seine Quelle geheim hält, wie auch mein Vater.

Der Ölkauf wird jedes Jahr unter Hochsicherheitsvorkehrungen gleich nach der Ernte im November abgewickelt. Einmal durfte ich Papà dabei begleiten. Der Ablauf ähnelte einem Drogen- oder Waffengeschäft, wie man es aus zahlreichen Fernsehkrimis kennt. Wir fuhren dazu irgendwo ins Hinterland von Kampanien, wo die Luft rein und der Boden sauber ist. Papà sah während der Fahrt öfters in den Rückspiegel, um sich zu versichern, dass uns niemand folgte. Nach zwei Stunden auf einer holprigen Landstraße waren wir dann endlich da. Ein alter Bauer mit gegerbter Haut und finsterer Miene empfing uns wortkarg. Vorsichtig schauten sich die Männer um, ob sie beobachtet wurden. Dann sonderten sie sich ein wenig ab und gingen eingehängt nebeneinander her, um mit der anderen Hand jeweils wild gestikulierend über den Kauf zu sprechen. Nach einer Stunde waren sie sich endlich handelseins. Ein Handschlag besiegelte das Geschäft und mein Vater kam freudestrahlend zum Auto zurück, um die „Beute" einzuladen. „A l'anno prossimo!" verabschiedeten sich die Männer mit herzlichen Umarmungen voneinander. Und so fuhren wir unter lautem Geschepper unseres in Glasflaschen abgefüllten Ölvorrats für ein ganzes Jahr in die Stadt zurück.

Ein weiteres klassisches Produkt, für das Neapel berühmt ist, ist die „Mozzarella di Bufala" (Büffelmozzarella). Auch sie ist von einem Qualitätssiegel geschützt, das garantiert, dass sie nur in Kampanien hergestellt werden darf. Der Begriff leitet sich von der Herstellungsart, der „mozzatura", ab, bei der die gezogene Käsemasse von Hand abgetrennt wird. Diese Käsesorte schmeckt am besten als „Insalata Caprese", also mit Tomaten, Basilikum und einem Hauch Olivenöl. Sie muss ganz frisch verspeist werden und darf laut neapolitanischem Volksmund „den Sonnenuntergang nicht erleben", da sie mit jeder Stunde an Zartheit und Geschmack einbüßt. Erstmals wurde die „mozza" im 15. Jahrhundert von den Mönchen der

In Neapel gibt es ein unendliches Angebot an täglich fangfrischen Fischen und Meeresfrüchten.

Abtei San Lorenzo ad Septimum an den Toren Aversas bei der jährlichen Prozession angeboten. Heute ist sie allgegenwärtig im Stadtbild Neapels und hat spätestens mit der Franchisekette „Fratelli La Bufala" von Neapel aus über Mailand, Venedig, Triest, Barcelona, Izmir, Brüssel, Kairo, Dubai, Schanghai, und Miami den Siegeszug um die Welt angetreten. Ob sie dabei allerdings nicht doch den einen oder anderen Sonnenuntergang erlebt, ist eine andere Frage.

Unangefochtene Königin der neapolitanischen Küche ist und bleibt aber natürlich die Pasta! Ursprünglich war sie nur ein „Fast Food", das im 18. Jahrhundert vor allem in Form von Spaghetti an jeder Straßenecke verkauft und (von den Ärmsten) mit den Händen gegessen wurde. Heute hingegen hat sie Kultstatus.

Gleich ob industriell oder von Hand gefertigt, wichtig ist: Al dente muss sie sein! Der Neapolitaner verschlingt davon knapp 30 Kilogramm im Jahr. Dabei ist es die „Pasta di Gragnano", die aufgrund des besonderen Mikroklimas am Golf, dem richtigen Mix aus Sonne, Wind und Luftfeuchtigkeit sowie ihrer im Bronzeverfahren hergestellten und luftgetrockneten Nudeln den unangefochtenen ersten Platz innehält. Pasta hatte in Neapel immer schon einen hohen Stellenwert.

1836 wurde sogar die erste Eisenbahnlinie Italiens der Küste entlang zwischen Neapel und Gragnano geplant. Das erste Teilstück ging dann tatsächlich 1839 in Betrieb und führte von der Stadt bis ins 7 Kilometer entfernte Portici, wo der Sommerpalast des Königs Ferdinand II. stand. Erst 1885 wurde das letzte Teilstück tatsächlich ausgebaut, wodurch die Pastaproduktion auf ein industrielles Niveau gehoben und Gragnano zur bis heute unangefochtenen „Capitale della Pasta“ (Hauptstadt der Nudeln) wurde.

Die Kür der Pastaproduktion findet jedoch ganz woanders statt, nämlich in der heimischen Küche. Jede neapolitanische Familie hütet ihr persönliches Rezept wie einen Schatz. Sonntags geht es schon früh morgens in den Küchen der Stadt heiß her. Da wird geknetet, ausgerollt und von Hand die Pasta fürs Familienessen zubereitet. Auf sämtlichen Tischen in der Wohnung (im Sommer auf dem Balkon) stehen große Tabletts, auf denen die Pasta zum Trocknen aufgelegt wird. Strozzapreti, Orecchiette und Fusilli sind die Klassiker der „pasta fatta in casa“ und der ganze Stolz der „casalinga napoletana“, der neapolitanischen Hausfrau. Es gibt unzählige Arten von Nudeln, aber nicht jede Art von Pasta kann mit jeder Art von Sauce serviert werden. So eignet sich das Ragù zum Beispiel perfekt für die gedrehten Strozzapreti, an denen es am besten haften bleibt, während man das klebrigere Pesto am besten mit flachen Orecchiette serviert. Aber von diesen Varianten gibt es viele und die perfekte Kombination zwischen Nudel und Sauce zu finden, grenzt nahezu an Wissenschaft.

Ein weiteres neapolitanisches Streetfood, das es mittlerweile auf die Teller der feinsten internationalen Restaurants geschafft hat, ist die Pizza. In Neapel bereits seit Mitte des 18. Jahrhunderts als „Armeleuteessen“ beliebt, wurde sie 1889 in ganz Italien bekannt, als der Pizzabäcker Raffaele Esposito zu Ehren des Besuchs der Königin Margherita von Savoyen in Neapel die patriotische „Pizza Margherita“ in den

Farben des vereinten Italiens (Grün-Weiß-Rot mit Basilikum, Mozzarella und Tomaten) erfand.

Die neapolitanische Rosticceria, wie in Italien die „Fastfood-Küche“ genannt wird, hat aber noch viel mehr „sfizi e stuzzichini“, also kleine Leckereien und Häppchen, zu bieten, die man sonst nirgendwo auf der Welt bekommt. Bei einem Neapelbesuch sollte man sich daher unbedingt durch die Vielfalt an Köstlichkeiten wie Arancini, Panzerotti, Montanare, Frittura di pesce und vieles mehr durchkosten, die hier an jeder Ecke in Topqualität und zu unschlagbar günstigen Preisen angeboten werden. Ja, das neapolitanische Fastfood ist gar so vielfältig, dass daneben amerikanische Fastfoodketten nicht bestehen können. 2018 mussten gleich vier McDonald's-Restaurants im Zentrum der Stadt für immer ihre Tore schließen! Und darauf sind wir Neapolitaner stolz.

Die einzigartige Vielfalt der neapolitanischen Küche schlägt sich natürlich auch bei den Dolci nieder. Wer nach Neapel kommt, hat wahrlich die Qual der Wahl. An jeder Ecke gibt es eine Pasticceria (Konditorei) und duftet es nach frischem Gebäck, dessen Namen schon eine einzige Verheißung sind, wie Sfogliatelle, Graffe, Cannoli, Bignè und Babà! Kein Ostern ohne Pastiera, kein Fest ohne Caprese, kein Sonntag ohne Delizia al limone. Ganz zu schweigen von den beliebten Taralli, eine salzige oder süße Knabberei, und unzähligen Sorten von Biscotti, die im gesamten Süden nicht nur zu Hochzeiten gebacken werden. Abschluss und Höhepunkt des Jahres bilden der Panforte, jenes harte Gebäck aus Nüssen und Trockenfrüchten, das in den Konditoreien zu Allerseelen Einzug hält, und der Panettone, der zu Weihnachten auf keiner Festtagstafel fehlen darf. Nicht versäumen sollte man einen Besuch der historischen „Pasticceria Pintauro“ auf der Via Toledo. Ihr Gründer Pasquale Pintauro soll Anfang des 19. Jahrhunderts das bis dahin streng gehütete Rezept der mit Ricotta und Trockenfrüchten gefüllten Blätterteigtasche, die im 17. Jahrhundert von einer Nonne im Convento Santa Rosa an der Costiera Amalfitana erfunden wurde, nach Neapel gebracht und als Sfogliatella berühmt gemacht haben. Am besten genießt man sie gleich vor Ort, noch warm und knusprig.

Abschluss eines jeden Essens bildet natürlich ein „caffè" – und zwar ausschließlich Espresso! Und an Sonn- und Feiertagen darf es bisweilen auch gerne ein Gläschen Wein oder Likör sein. Aufgrund der Fruchtbarkeit des vulkanischen Bodens ist die Vielfalt an kampanischen Weinen groß. Für jeden Gang gibt es die perfekte Weinbegleitung, für jedes Essen den perfekten Abschluss.

Die Falanghina ist eine uralte Rebsorte, die bereits in der Antike von den Griechen nach Neapel mitgebracht und von den Römern sehr geschätzt wurde. Da sie sich auf dem vulkanischen Boden besonders gut entwickelte, wurde sie rasch zu einer der populärsten Rebsorten der Region. Heute ist sie die am meisten angebaute und konsumierte Weißweinsorte in Neapel und Umgebung. Der Wein ist sehr fruchtig und

Dem neapolitanischen Fingerfood par excellence, dem Cuoppo (eine Tüte mit frittierten Köstlichkeiten vom Fisch und anderen Stuzzichini), oder einer Pizza kann keiner widerstehen. Auch nicht Chiara, Leonardo & Giacomo.

würzig, weshalb er auch oft zur Aufwertung für Cuvées verwendet wird. Die Neapolitaner trinken ihn aber gerne pur zu einem guten und eleganten Essen. Bei uns zu Hause ist stets eine Flasche davon im Kühlschrank. Sicher ist sicher.

Aber gleich, ob Greco di Tufo, Lacrima Cristi, Falanghina, Grappa oder der berühmte Limoncello, im Allgemeinen ist der Neapolitaner dem Alkohol nur mäßig zugetan. Wenn er trinkt, dann zum Genuss und, wie fast alles, was er tut, ausschließlich in Gesellschaft.

Oft erstaunt einen die schier unendliche Vielfalt der neapolitanischen Küche, jedoch lässt sie sich anhand der Geschichte erklären. Die Gesellschaft war bis zur Einigung Italiens 1861 jahrhundertelang in nur zwei Klassen unterteilt: die extrem Reichen und die extrem Armen. Während der Adel in seinen Schlössern die besten Köche Frankreichs und Spaniens beschäftigte und im Überfluss lebte, bediente sich das Volk in Ermangelung eigener Wohnungen der populären Straßenküchen. Die Grundnahrungsmittel Gemüse, Hülsenfrüchte und Käse standen im Zentrum der „cucina povera“ (arme, einfache Küche), was Einfallsreichtum erforderte und die unzähligen Variationen von Speisen bis heute erklärt. Gepaart mit der Üppigkeit der adeligen Gerichte ergibt dies den besonderen Reichtum der Cucina Napoletana von heute.

Aber wie groß die Auswahl auch sein mag, der Neapolitaner ist in seinem Innersten ein einfacher Mensch und bleibt quer durch alle Gesellschaftsschichten einem seiner vielen Leibgerichte stets treu: den „Spaghetti con 'a pummarola 'n coppa“, also Spaghetti mit Tomatensauce „oben drauf“. Die einfachsten Dinge sind eben doch noch immer die besten!

DOMENICA A NAPOLI
Sonntags in Neapel

Das Ragù ist die Königin aller Pastasaucen. Geht man durch die engen Gässchen Neapels und riecht den Duft von Ragù, weiß man, dass Sonntag ist. Dann versammelt sich die ganze Familie inklusive Großeltern, Tanten, Onkeln und Cousins (also mindestens zehn Personen) mittags um einen langen Tisch und zelebriert mehrere Stunden lang ein mehrgängiges Menü, dessen Anfang ausnahmslos eine Pasta al Ragù macht.

Zum Unterschied vom Ragù alla Bolognese, das mit faschiertem Fleisch zubereitet wird, wird das Fleisch beim neapolitanischen Ragù im Ganzen mitgekocht und meist auch als Secondo serviert. Die Zubereitung des Ragù hat familiären Charakter. Stundenlang köchelt es auf kleinster Flamme und muss dabei öfters umgerührt werden. Meine Mutter kochte es deshalb meistens schon am Samstagabend vor, während die ganze Familie am Küchentisch saß und plauderte. Bis heute gibt es für mich keine schönere Einstimmung auf das Wochenende als der Duft von Ragù, der sich durchs ganze Haus zieht.

Der kulturelle und gesellschaftliche Stellenwert des Ragù ist so hoch, dass sogar bedeutende Dichter wie der unvergessliche neapolitanische Schauspieler und Poet Eduardo De Filippo (1900–1984) dieser besonderen und von allen Neapolitanern als Inbegriff von „Familie" und „Zuhause" geliebten Sauce ein Gedicht gewidmet hat.

Mit diesen Zeilen macht der Dichter klar, dass das Ragù nicht nur einfach Fleisch mit Tomaten ist, sondern dass seine Zubereitung – „so wie es die Mamma machte" – eine Kunst und vor allem langwierig ist. In der Tat muss ein klassisches neapolitanisches Ragù mindestens sechs Stunden leise, am besten in einem Kupfertopf, vor sich hin köcheln, was man „pipare" nennt, und ab und zu mit einem Holzkochlöffel umgerührt werden, ehe es serviert werden darf.

'O rrau
(von Eduardo De Filippo)

'O rraù ca me piace a me
m' 'o ffaceva sulo mammà.
A che m'aggio spusato a te,
ne parlammo pè ne parlà.
Io nun songo difficultuso;
ma luvàmmel' 'a miezo st'uso

Sì, va buono: comme vuò tu.
Mò ce avéssem' appiccecà?
Tu che dice? Chest'è rraù?
E io m' 'o mmagno pè m' 'o mangià ...
M' 'a faje dicere 'na parola? ...
Chesta è carne c' 'a pummarola

Das Ragù
(Übersetzung ins Deutsche)

Das Ragù, wie ich es liebe,
machte mir nur meine Mutter.
Seit ich Dich geheiratet habe,
sprechen wir immer wieder davon.
Ich bin nicht schwierig,
aber ich muss mir das abgewöhnen.

Ist gut, wie Du willst,
wir wollen deswegen nicht streiten.
Was sagst Du? Ist das ein Ragù?
Ich esse es, um es zu essen,
aber lass mich etwas sagen:
Das ist nur Fleisch mit Tomaten.

RAGÙ ALLA NAPOLETANA

Zutaten:
1 kg Kalbfleisch
6 Schweinskoteletts
2 Zwiebeln
1–2 Knoblauchzehen
100 g Olivenöl Extra Vergine
¼ l Rotwein
2 l passierte Tomaten
1 EL Tomatenmark
Salz, Pfeffer
Frisches Basilikum

Zubereitung:
Das Fleisch im Ganzen gemeinsam mit der fein gehackten Zwiebel und dem Knoblauch in Olivenöl anbraten. Wenn das Fleisch braun und die Zwiebel glasig sind, das Ganze mit Rotwein ablöschen und einkochen lassen. Danach die passierten Tomaten und das Tomatenmark hinzufügen, salzen, pfeffern und mit frischem Basilikum verfeinern. Auf kleinster Flamme mit halb geschlossenem Deckel für mehrere Stunden köcheln lassen. Nur ab und zu vorsichtig mit einem Holzkochlöffel umrühren, um zu kontrollieren, dass sich die Sauce auch nicht anlegt. Falls dies doch der Fall sein sollte, mit ein wenig Wasser aufgießen und … Buon appetito!

LOKALTIPPS:

Zi Teresa

Zu meinen absoluten Lieblingsrestaurants in Neapel zählen das „Zi Teresa" und das „Transatlantico". Beide Lokale liegen direkt am kleinen Hafen von Santa Lucia inmitten des pittoresken Borgo Marinari. Wenn auch von Touristen nicht ganz verschont geblieben, so werden diese beiden Lokale dennoch auch von vielen Neapolitanern besucht. Entsprechend hervorragend und authentisch ist die Küche hier. Und beim Essen direkt am Wasser, neben weißen Yachten und bunten Booten zu sitzen mit freiem Blick auf den Vesuv, das hat schon was.

Borgo Marinari 1
80132 Napoli
Tel. 081/ 764 25 65
www.ziteresa.it

L.U.I.S.E.

Meine absolute Lieblings-Rosticceria ist das „L.U.I.S.E." in der Via Toledo in unmittelbarer Nähe der Talstation der Funicolare, die auf den Vomero führt. Hier ist es zu Mittag brechend voll. Zu ebener Erde kann man rasch eine Kleinigkeit im Stehen essen. Im 1. Stock gibt es ein eher durchschnittliches Restaurant. Der Besuch des Gassenlokals lohnt sich aber auf jeden Fall, denn nirgendwo anders in der Stadt findet man eine so große Auswahl an „sfizi e stuzzichini" in Top-Qualität wie hier.

Via Toledo 266
80132 Napoli
Tel. 081/41 53 67
www.gruppoluise.it

L'Antica Pizzeria Da Michele
Was die Pizzerien betrifft, so hat man in Neapel natürlich die Qual der Wahl. 8200 Pizzerien soll es in der Stadt geben. Die berühmteste ist und bleibt natürlich die „Pizzeria Brandi", in der Salita Sant'Anna, die Wiege der Pizza Margherita. Gegründet 1780 wurde hier 1889 die weltbekannte Pizza zu Ehren der italienischen Königin erfunden. Noch älter ist nur die „Pizzeria Alba" an der Porta Alba, die aus dem Jahre 1738 stammt. Meine Lieblingspizzeria aber ist „Da Michele" in der Via Cesare Sersale. Sie besteht zwar „erst" seit 1870, was mir hier aber besonders gefällt, ist der Umstand, dass man sich der Einfachheit verschrieben hat. Angeboten werden nämlich nur die beiden Archetypen der Pizza: die Margherita (Tomaten, Mozzarella und Basilikum) und die Marinara (ohne Mozzarella). Und sie sind göttlich! Und zwar so göttlich, dass man Nummern ziehen und vor dem Lokal bis zu einer Stunde anstehen muss. Viele Berühmtheiten waren schon hier, um die beste Pizza Neapels zu genießen, wie zum Beispiel Totò, Diego Armando Maradona, Bill Clinton oder Julia Roberts – deren Besuch bei „Da Michele" in der unvergesslichen Szene im Film „Eat Pray Love" verewigt wurde, in der sie von ihrem orgiastischen „Verhältnis" zur Pizza spricht, während sie eine isst und sich dabei genüsslich die Finger ableckt. Und nur, wer jemals in Neapel eine Pizza gegessen hat, wird sie verstehen.
Via Cesare Sersale 1
80139 Napoli
Tel. 081/55 39204
www.damichele.net

Transatlantico
Außerdem empfehle ich gerne das Transatlantico, denn hier kann man nicht nur hervorragend essen, sondern auch seit einigen Jahren – mitten im Hafen! – wohnen.

Via Luculliana 15/ Borgo Marinari
80132 Napoli
Tel. 081/764 88 42
www.transatlanticonapoli.com

Intra Moenia

Exzellenten „caffè" kann man überall in Neapel bekommen. Die schönste Bar Neapels und mein Lieblingscafé, weil es zwei meiner größten Leidenschaften miteinander vereint, nämlich Kaffee und Bücher, ist das Literaturcafé „Intra Moenia": ein gemütliches Künstler- und Literatencafé, dessen Eigentümer seit 1989 auch einen kleinen, aber feinen Buchverlag betreibt. Bücher, Kaffeespezialitäten und ein Wintergarten mit Blick auf die wunderschöne Piazza Bellini mit ihren römisch-griechischen Ausgrabungen lädt, entgegen dem neapolitanischem Usus, den Espresso „express" runterzustürzen, zum stundenlangen Verweilen ein. Außerdem kann man hier auch günstig essen. Abends gibt es regelmäßig ein vielfältiges kulturelles Veranstaltungsprogramm.
Piazza Bellini 70
80138 Napoli
Tel. 081 451652
www.intramoenia.it

Pasticceria Pintauro

Und, nicht vergessen: Gehen Sie danach auf ein Dessert zur Pasticceria Pintauro!
Via Toledo 275
80132 Napoli
Tel. 081/41 73 39
www.pintauro.it

LA PIZZA

„'na pizza è 'na cosa da pazz'!", sagt der Neapolitaner. „Eine Pizza ist eine verrückte Sache!" Und tatsächlich, ohne Pizza wäre Napoli nicht Napoli! So wie der „caffè" ist auch sie der gesellschaftliche Kitt, der die Menschen unterschiedlichster Herkunft miteinander verbindet. Sie ist das eigentliche Wahrzeichen der Stadt. Ihr gilt der ganze Stolz und die Liebe der Neapolitaner. Auch Gedichte und Lieder wurden ihr schon gewidmet, und sie hatte bereits die ein oder andere Hauptrolle in so manchem Film. Wie etwa in der Komödie *„Miseria e nobiltà"*, wenn der notorische Hungerleider Totò sich mit rollenden Augen endlich in seiner lang ersehnten Pizza festbeißt. Oder in *„L'oro di Napoli"*, in dem Sophia Loren in ihrer ersten Hauptrolle eine Pizzabäckerin spielt. Und der berühmte neapolitanische Liedermacher Pino Daniele singt auch heute noch: *„Fatte 'na pizza c'a pummarola 'ncoppa e vedrai che il mondo poi ti sorriderà."* – „Iss eine Pizza mit Tomaten oben drauf und du wirst sehen, dass die Welt dir zulächelt."

Dabei liegt der Ursprung der Pizza nicht unmittelbar in Italien, sondern generell im Mittelmeerraum. Neben den Römern kannten auch die Ägypter und Griechen schon vor 3000 Jahren verschiedene Formen von Fladen aus Getreidemehl, die einen wesentlichen Bestandteil der Nahrung bildeten. In Neapel aß man sie ursprünglich als Foccaccia, einer Brotform, die der ärmeren Bevölkerung, belegt mit den typischen regionalen Produkten, als tägliche Hauptmahlzeit diente. Später belegte man diese schon vor dem Backen auch mit anderen Zutaten. So entstand die Pizza, wie wir sie heute kennen.

Ihren endgültigen Siegeszug rund um die Welt hat dieses Gericht eigentlich den wiederholten Migrationswellen zu verdanken, im Zuge derer unzählige arme Neapolitaner auf der Suche nach einem besseren Leben seit Beginn des 19. Jahrhunderts in die „Neue Welt" auswanderten. Gleichzeitig erlitt sie

Die echte neapolitanische Pizza hat einen dünnen, knusprigen Teig, einen dicken Rand und ist mit nichts anderem als Tomaten, Mozzarella und Basilikum belegt.

dadurch aber auch eine Inflation, die auf traurige Abwege wie der zentimeterdicken American Pizza oder der mit Ananasscheiben „verfeinerten" Pizza Hawaii führte und in der deutschen Franchisekette „Va Piano" gipfelte, die mit aggressiver Systemgastronomie und angelerntem Hilfspersonal in über 200 Filialen in rund 30 Ländern auf der ganzen Welt der Pizza endgültig ihrer Seele beraubte.

Zum Glück jedoch wurde vor einigen Jahren eine Gegenbewegung begründet, die sich verpflichtete, der Pizza ihre wahre Identität zurückzugeben. Die Associazione Verace Pizza Napoletana wacht seit 1984 von Neapel aus über die Qualität der als echt neapolitanisch verkauften Pizza in aller Welt. 2017 ist die Pizza Napoletana von der UNESCO sogar zum Weltkulturerbe ernannt worden! Wenn mich also in Wien das Heimweh nach Neapel und das Verlangen nach einer Pizza Napoletana D.O.C. packt, weiß ich, wohin ich gehen kann, nämlich zu Luigi Barbaro. Ein Neapolitaner, der mit seiner „Pizzeria Regina Margherita" inmitten der Innenstadt vor 20 Jahren ein Stück Neapel geschaffen hat. Seine Pizza wird nur aus original neapolitanischen Zutaten hergestellt, im ebenso original neapolitanischen Holzofen gebacken und schmeckt tatsächlich wie in Napoli! Fehlt nur noch das Meer …

Seit einigen Jahren findet am Lungomare von Neapel sogar jedes Frühjahr eine große Veranstaltung rund um das Thema „Pizza" statt. „Napoli Pizza Village" ist ein mehrtägiges Event, bei dem die 50 ältesten Pizzerien Neapels auf 30.000 m^2 gemeinsam die größte Freiluft-Pizzeria der Welt errichten. Weiters bestreiten über 600 Pizzabäcker aus aller Welt die Weltmeisterschaft um den besten Pizzaiuolo. Auftritte großer neapolitanischer Popstars runden das Programm ab. Ein Volksfest der Superlative. Und das alles bloß wegen dieses Stückchen Teiges …

Eine Pizza besteht zwar nur aus wenigen Zutaten, dennoch ist ihre Zubereitung eine hohe Kunst. Abgesehen vom Holzofen, der einer perfekten Pizza erst die gewisse rauchige Note gibt, braucht man auch das nötige Know-how für deren Herstellung. Die neapolitanische Hausfrau versucht es daher erst gar nicht, Pizza zu Hause zu backen. Und so ist dieses Gericht das einzige, das neapolitanische Familien ausschließlich auswärts essen. So auch die Familie De Luca. In unserer Lieblingspizzeria, die sich am anderen Ende der Stadt in Fuorigrotta befindet, gibt es die, zumindest für uns, besten Pizzen der Stadt! Das Lokal ist ein Geheimtipp. In vierter Generation geführt, von außen eher unscheinbar und innen recht klein, wartet es mit klassischen Köstlichkeiten auf wie der besten Margherita, die ich jemals gegessen habe. Daneben bietet man aber auch Spezialitäten wie Trüffelpizza an. Die wahre Attraktion ist aber die süße Pizza, die vor allem bei den Kindern sehr beliebt ist. Wenn unsere Familie wie ein Termitenschwarm bei „Gennaro" einfällt, kommt der Padrone selbst an den Tisch, um unseren Vater zu begrüßen. Rino, wie ihn seine Gäste liebevoll nennen, ist in der Pizzeria seines Vaters aufgewachsen und hat das Pizzamachen von Kindesbeinen an gelernt. Mit nur sieben Jahren hat er bereits als Pizzaiolo ausgeholfen. Die beiden Männer begrüßen sich, fallen einander um den Hals und beraten dann konspirativ die Bestellung. Menükarte gibt es keine. Mein Vater ordert ein bisschen von allem, sodass für jeden von uns etwas dabei ist. Neben der Tris di Pizza (eine extra große Pizza, die mit unterschiedlichen Zutaten belegt ist) lieben wir vor allem die Klassiker wie Margherita, Cardinale und Diavolo. Aber Rino lässt sich auch immer wieder etwas Neues einfallen und tüftelt stets an originellen Rezepten wie eine Pizza mit Pistazien und Mortadella oder Kürbis und Salami, die man auf jeden Fall einmal im Leben gekostet haben muss.

Pizzeria Gennaro Di Napoli
Via Marc'Antonio 31
80125 Napoli
Tel. 0329/244 06 37
www.pizzeriadinapoli.it

Und hier, für alle die es doch daheim ausprobieren wollen, ein wirklich gutes und einfaches Rezept für den Klassiker:

Eine echte neapolitanische Pizza kommt immer aus dem Holzofen.

PIZZA MARGHERITA

Zutaten:

Für den Teig:

300 g Mehl glatt (Type 0)
20 g frische Hefe (Germ)
9 EL lauwarmes Wasser
Salz
1–2 TL Olivenöl Extra Vergine

Belag:

250 g Tomatensauce
200 g Mozzarella
1 EL Parmesan
3 EL Olivenöl Extra Vergine
Basilikum

Zubereitung:

Die Hefe in 3 EL lauwarmem Wasser auflösen, 4 EL Mehl hineinrühren, zudecken und 30 Minuten an einem warmen Ort rasten lassen. Das restliche Mehl auf eine Arbeitsfläche häufen, salzen und die Hefemischung mit einer Gabel hineinrühren. Dann das Öl und das restliche Wasser hinzufügen.

Den Teig auf einer bemehlten Arbeitsfläche kneten, bis er glatt und elastisch ist. Dann die Teigkugel in eine Schüssel legen, zudecken und 2 Stunden an einem warmen Ort gehen lassen, bis sich der Umfang verdoppelt hat.

Den Teig nochmals kräftig durchkneten und nun runde Fladen machen.

Mit Tomatensauce, Mozzarella und Parmesan belegen und 20 Minuten bei 200 °C auf einem befetteten Backblech oder Backpapier backen.

Abschließend mit Olivenöl beträufeln und mit Basilikumblättern garnieren. Buon appetito!

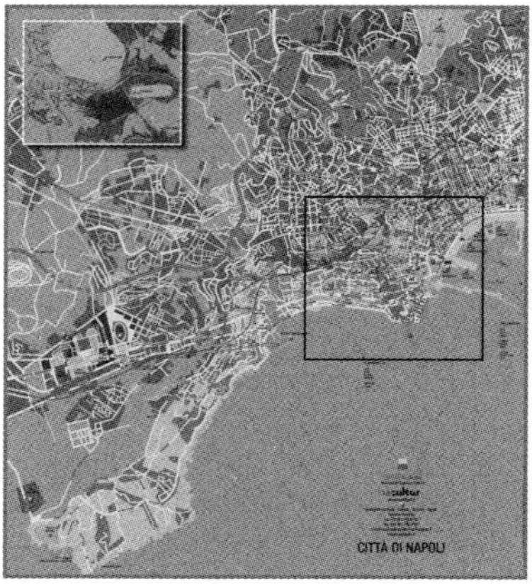

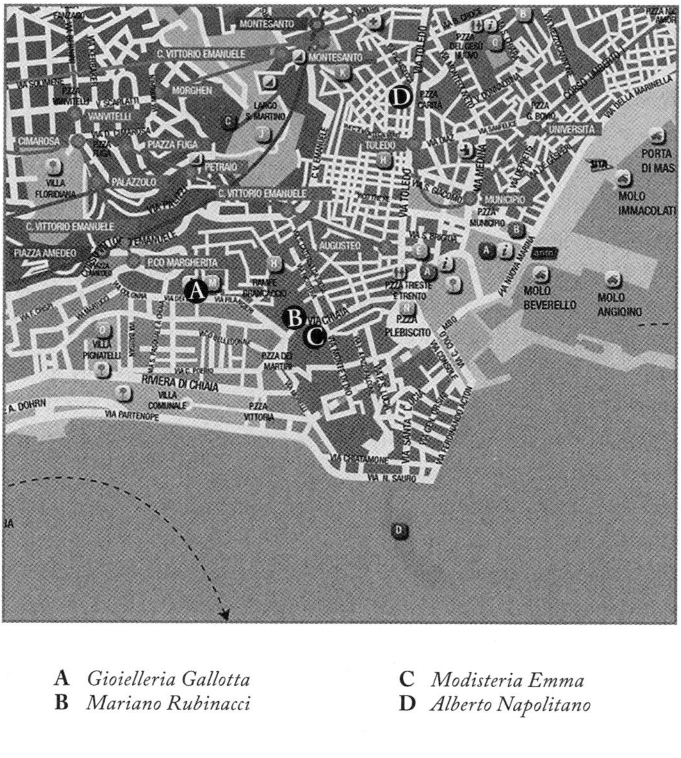

A *Gioielleria Gallotta*
B *Mariano Rubinacci*
C *Modisteria Emma*
D *Alberto Napolitano*

9.
LA SPESA: EINKAUFEN IN NEAPEL

Negozi, Mercati, Bancarelle

Einkaufen in Neapel ist eine wahre Versuchung. Die Auswahl ist immens. Hier findet man einfach alles, und das zu jedem Preis. Es kommt nur darauf an, wo man einkauft. Bei den Straßenhändlern mit ihren „bancarelle" in der ganzen Stadt gibt es billige Kopien von fast jeder Markenware. Egal ob T-Shirts, Jeans, Handtaschen, Schuhe, DVDs, USB-Sticks, Barbiepuppen, Kosmetika oder Druckkochtöpfe: Hier gibt es alles, was gerade „en vogue" ist. Obendrein ist Feilschen erlaubt. Hier kauft der Durchschnitts-Neapolitaner. Wen kümmert es da schon, ob die ein oder andere Naht nicht so sitzt oder woher das „Zeug" kommt? Hauptsache, der Preis stimmt.

In den zahlreichen Geschäften wie jenen um den belebten Corso Umberto hingegen geht das Bürgertum einkaufen. Die Geschäfte am Corso sind weniger elegant, aber dafür bekommt man alles, was das Herz begehrt, und das zu moderateren Preisen. Es handelt sich zwar um keine Markenware, aber die Qualität ist gut und meist „Made in Italy". Vor allem modisch muss es sein. In der Via Toledo hingegen, die durchs Business- und Bankenviertel führt, sind die großen internationalen Labels vertreten. Hier erhält man globalen Standard zu globalen Preisen. Nicht weniger, aber auch nicht mehr. Im Nobelviertel Chiaia

In Neapel spielt sich das Leben im Freien ab,
auch das Geschäftsleben – hier ein Möbelgeschäft.

jedoch geht es zwischen der Piazza dei Martiri, Via dei Mille und Via Chiaia so luxuriös zu wie kaum woanders auf der Welt. Da findet man die unvermeidlichen internationalen Luxuslabels genauso wie italienische Edelboutiquen dicht nebeneinander. Aber auch die Passanten in den Straßen sind hier auffallend eleganter als anderswo in der Stadt. Und eigenartigerweise sieht man sie nirgendwo außerhalb dieses Viertels.

Das, was aber wirklich einzigartig ist in Neapel, ist die Vielzahl an Handwerksbetrieben. Denn während man überall auf der Welt inzwischen schon dieselben Sachen, denselben „Einheitsbrei“ bekommt, gibt es nirgendwo eine solche Vielfalt wie hier! Diese Stadt hält seit jeher das Handwerk hoch, weshalb man auch noch unzählige Fachgeschäfte für alles Mögliche findet: Maßschneider, Schuhmacher, Modisten, Handschuh- und Schirmmacher, Gold- und Silberschmiede, Seifensieder, Parfümeure, Seidenwebereien, Tapezierer, Porzellanmanufakturen, Kunsttischler, Bildhauer, Kunstmaler, Rahmenhändler, Instrumentenbauer und vieles mehr.

Das Kunsthandwerk hat eine lange Tradition in ganz Kampanien, wird nach wie vor gelebt und ist sogar heute noch ein wichtiger Wirtschaftsfaktor. Das Wissen wird meist von den

Eltern an die eigenen Kinder weitergegeben. Auf diese Weise sind in der Altstadt auch die antiken Handwerksviertel erhalten geblieben. Alles rund ums Thema „Mode“ gibt es im Quartiere Chiaia. Die Gold- und Silberschmiede findet man am eleganten Vomero wie auch im Centro Storico. Porzellan und Keramik kauft man am besten in der Via San Benedetto Croce. Antiquarische und moderne Bücher gibt es unterhalb der Porta Alba. Antiquitäten und restaurierte Möbel werden vor allem in Spaccanapoli angeboten. Hier sind die Meister ihres Fachs zu Hause. Aber so gut sie es auch verstehen, alte Möbel neu herzurichten, so machen sie es auch umgekehrt. Man sollte daher aufpassen, dass der als original angebotene Louis-XVI-Sessel in Wahrheit nicht aus dem Hinterzimmer stammt.

EINKAUFSTIPPS:

Neapel ist für sein Handwerk, insbesondere für seine Schneider und Schuhmacher bekannt. Einen Einkaufsbummel sollte man sich daher nicht entgehen lassen. Denn in dieser Stadt gibt es Sachen, die man nirgendwo anders auf der Welt bekommt!

Mariano Rubinacci
Die erste Adresse am Platz. Der Mann von Welt lässt sich hier einkleiden – natürlich nach Maß!
Palazzo Cellamare, Via Chaia 149/E
80100 Napoli
Tel. 081/41 57 93
www.marianorubinacci.net

Amina Rubinacci
Exklusive Damenmode mit Schwerpunkt auf Strick- und Lederkleidung.

Via dei Mille 16
80100 Napoli
Tel. 081/41 30 48
www.aminarubinacci.it

Ferrante
Die feinsten Maßschuhe der Stadt seit 1875!
Via Calabritto 22
80121 Napoli
Tel. 081/76 40 328
www.scarpesumisura.napoli.it

Mario Portolano
Handschuhe nach Maß!
Via Chiaia 140
Tel. 081/41 83 54
www.marioportolano.it

Modisteria Emma
Damenhüte nach Maß, Restaurierung antiker Spitzen und Brautschleier. So etwas gibt's eben nur mehr in Neapel!
Largo Sant'Orsola a Chiaia 2 (Nähe Via Chiaia)
Tel. 081/41 79 96

Außerdem ist Neapel berühmt für seine außergewöhnlich feine Gold- und Silberschmiedekunst. Natürlich ist die Stadt voll von Gold- und Silberschmieden aller Kategorien, aber keiner arbeitet so wie er, die unangefochtene Nummer 1: Gallotta.

Gioielleria Gallotta
Gold- und Silberschmied
Via Dei Mille 57/A
80121 Napoli
Tel. 081/1889 3725

KULTURTIPP:

Die 1840 gegründete Klavierfabrik Alberto Napolitano baute einst in ganz Italien beliebte Pianos und Flügel. Mein Zio Tonino hatte ein solches Piano, auf dem er gemeinsam mit seiner Frau, Zia Giovanna, vierhändig „Torna a Surriento" spielte. „Wunderschön und mit Tremolo!", wie meine Mutter oft voll Ehrfurcht erzählte. Alleine dieser stimmungsvollen Schilderung und vielen, vielen Stunden fleißigen Übens verdanke ich es, dass ich heute noch dieses Lied auswendig auf dem Klavier spielen kann. Als einziges Lied überhaupt. Die junge Generation unter Mario Napolitano baut leider keine eigenen Klaviere mehr, hat sich dafür aber ganz der Restaurierung von alten Klavieren verschrieben. Außerdem veranstaltet man hier in der Sala Chopin regelmäßig Konzerte und hat das ehrgeizige Projekt „Piano City Festival" ins Leben gerufen, das den Nachwuchs unter den neapolitanischen Pianisten garantieren soll. Ich liebe die Besuche in der alten Fabrik mitten in der Altstadt von Neapel. Im Gebäude an der stets dicht bevölkerten Piazza Carità scheint die Zeit stehen geblieben zu sein. Hier spürt man noch den Geist des kultivierten Neapels vergangener Zeiten, in dem Hausmusik auf der Tagesordnung stand. Kein Haushalt, in dem nicht musiziert und gesungen wurde! (Unser Vater zum Beispiel lässt es sich bis heute nicht nehmen, bei Familienfeiern mit der gebotenen Theatralik neapolitanische Volkslieder zum Besten zu geben.) In den Verkaufsräumen sind heute neben neuen Instrumenten der Marken Steinway und Yamaha auch noch viele alte Pianos und restaurierte Flügel aus dem Hause Napolitano ausgestellt. Die Wände zieren Fotos von Berühmtheiten vergangener Zeiten sowie historische Notenblätter, Programmhefte und andere Erinnerungsstücke. In der Zeit, als ich in der im Erdgeschoss des Palazzos befindlichen Fahrschule meinen Führerschein machte, war ich öfters mal da, um die „Reliquien" großer Stars zu bewundern, mich wegen der nächsten Konzerte zu informieren oder um einfach nur mal in einer Pause Klavier zu spielen und dabei durch die im Winde wehenden Spitzenvorhänge den Blick gedankenverloren über die Piazza mit ihren prächtigen Palmen schweifen zu lassen. Einfach nur herrlich!

Alberto Napolitano
Piazza Carità 6
80134 Napoli
Tel. 081/5519411
www.albertonapolitano.com

WEIHNACHTEN IN NEAPEL
Il Presepe napoletano

Eine ganz besondere Zunft unter den neapolitanischen Handwerkern aber sind die Krippenbauer. Die Krippe hat in Neapel nämlich nicht nur zu Weihnachten Saison, sondern wird das ganze Jahr über hergestellt. Die Meister ihres Faches sind in der Via Gregorio Armeno zu Hause. Die Presepe Napoletano ist in ganz Italien berühmt für ihre kunstvollen, detailreichen und teils auch humorvollen Einzelheiten. Hier beschränkt sich die Darstellung nicht auf Maria, Josef und das Jesuskind mit höchstens ein paar Königen oder Ochs und Esel im Hintergrund, nein, eine neapolitanische Krippe ist ein Kunstwerk! Meist zeigt sie das alte Neapel mit seinen Steinhäusern, manch bekanntem Bauwerk oder gar dem Vesuv, stellt originalgetreue Alltagsszenen mit originellen Details nach und ist sogar mit Licht und echten Wasserläufen ausgestattet. Was neben dem Kind in der Krippe auf keinen Fall fehlen darf, sind ein Pizzabäcker mit seinem Ofen, Pulcinella und irgendeine prominente Persönlichkeit nach Wahl, die gerade aktuell ist, wie zum Beispiel Silvio Berlusconi, Cristiano Ronaldo oder sogar Donald Trump …

Krippenbauer Ulderico Pinfildi gilt in ganz Neapel als Meister seines Faches.

TIPP:
Ein Meister seines Faches, der die Tradition der neapolitanischen Krippe seit seiner Kindheit hochhält und heute gemeinsam mit seinen Brüdern ein kleines, aber feines Geschäft für Krippen- und Heiligenfiguren in der Via San Biagio dei Librai betreibt, ist Ulderico Pinfildi. Hier bekommt man die schönsten Krippen von Neapel.

Ulderico Pinfildi
Via San Biagio dei Librai 113
80138 Napoli
Tel. 081/198 04 087
www.uldericopinfildi.it

Weihnachten ist in Neapel immer noch das Fest der Familie. Bereits Wochen zuvor wird zu Hause die Krippe *(presepe)* aufgestellt, die hier eine weitaus längere Tradition als der Weihnachtsbaum hat. Dementsprechend ernst nehmen die Neapolitaner dieses Thema auch. Bei uns zu Hause ist daher Papà der Sonderbeauftragte für die Krippe. Ausschließlich ihm obliegt die Überwachung des Auf- und Abbaus, der Lagerung sowie der Wartung. Und er ist es auch, der am 24. Dezember in der Nacht das Jesuskind in sein Bettchen aus Stroh legen darf.

Aber bis es soweit ist, müssen erst die Häuser, Bäume, Bauern, Schafe, Ochsen und Esel aus den Kartons geholt werden, wo sie seit Jänner in Seidenpapier gewickelt auf ihren großen Auftritt warten. Drei Schachteln voll Figuren und Kulissen stehen bei uns das ganze Jahr über im Kasten, und natürlich geht beim Streiten, wo der ein oder andere König platziert werden soll, ab und an auch etwas zu Bruch. Dann heißt es für die ganze Familie ausrücken in die Via San Gregorio Armeno, wo die Diskussion um die schönsten oder originellsten Figuren weitergeht. Um so manchen Pizzabäcker, Schneider oder Hirtenburschen haben wir schon ganze Tage lang gestritten. Mit meinem Bruder Ciro habe ich doch tatsächlich einmal eine ganze Woche nicht gesprochen, weil mir der Balthasar, den er aussuchen durfte, nicht gefallen hat. Doch spätestens, als dann Josef und Maria im Stall standen und auf die Geburt ihres Kindes warteten, war alles wieder vergessen.

Die Krippe gibt es in Neapel seit dem 16. Jahrhundert, der Christbaum hingegen hat erst in den 1950er-Jahren Einzug gehalten. Die Christbäume hier sind aber natürlich nicht echt, sondern aus Plastik und werden mit kitschigem buntem Schmuck dekoriert. Luciano De Crescenzo vermutet übrigens auch hier eine eindeutige Unterscheidung zwischen den Menschen des Nordens, die eher zum Weihnachtsbaum tendieren, und den Menschen des Südens, die ihre Krippe über alles lieben. Die meisten Neapolitaner haben inzwischen jedoch beides.

Natale ist in Napoli kein besinnliches und ruhiges Fest. Hier wird ausgelassen und fröhlich gefeiert, mit vielen bunten Lichterketten und lauter Musik. Zwischen Weihnachten und Neujahr spielt man außerdem Tombola, ein uraltes Lotterie-Spiel, das auf Zahlenmystik beruht.

Am 24. Dezember wird kein Fleisch gegessen. Das traditionelle Abendessen besteht an diesem Tag aus Spaghetti alle Vongole, Capitone e Baccalà fritto (frittierter Aal und

Stockfisch), Insalata di rinforzo mit eingelegtem Gemüse sowie Roccoco, einem Mandelgebäck, als Dessert. Anschließend besucht die Familie gemeinsam die Christmette.

Als Familienfest größer und bedeutsamer ist der erste Weihnachtsfeiertag. Am 25. Dezember findet nämlich im Kreise der erweiterten Familie (unter zwanzig Personen geht da gar nichts) das Pranzo di Natale statt. Gegessen wird, was schmeckt. Nur üppig muss es sein. Das ist man dem Bambino Gesù (Jesuskind) schließlich schuldig. Tradition, und daher unerlässlich, sind jedoch am Anfang die Minestra maritata (Hühnersuppe mit Gemüse) und zum Schluss die Struffoli, ein mit Honig übergossenes Schmalzgebäck, das noch von den Griechen stammt und bei den Kindern sehr beliebt ist. Es wird ausschließlich zu Weihnachten, zu Hause und von Mamma zubereitet. Also der Inbegriff von Weihnachten! Und während der gesamten Feiertage wird natürlich von morgens bis abends ständig und überall Panettone gegessen.

Nach dem Essen dürfen endlich die Geschenke geöffnet werden, die Babbo Natale gebracht hat. Ursprünglich kamen die Geschenke ja eigentlich von der Befana, einer alten hässlichen Frau, die in der Nacht auf den 6. Januar den artigen Kindern Süßigkeiten und den unartigen Kohle brachte. Aber mit der fortschreitenden Globalisierung forderten auch die neapolitanischen Bambini ihren Weihnachtsmann und ihre Geschenke schon am 24. Dezember.

I MERCATI
Marktleben

Die schönsten, lebendigsten und authentischsten Plätze Neapels aber sind seine Märkte. Sie sind ein buntes Durcheinander aus im Wind flatternden Hemden, Bergen von Tomaten und unendlich vielen Sorten von Oliven, fangfrischen Fischen und sprudelnden Muschelbecken sowie Türmen aus Waschpulver und Kochtöpfen. Es gibt davon jede Menge, denn jedes „quartiere“ hat seinen eigenen „mercato“, der seine Bewohner täglich mit frischen Lebensmitteln versorgt. Aber auch alles andere, was man zum täglichen Leben braucht, kann man hier kaufen: Kleidung, Schuhe, Bett- und Tischwäsche, Kochtöpfe, Putzmittel, Hygieneartikel und vieles mehr.

Angeboten wird fast alles, und das unter lautem Geschrei. Hier kann man den Neapolitaner in seinem vielleicht natürlichsten Lebensraum beobachten, ihm beim Feilschen zuschauen, die Sprache und Gesten studieren. Ein einmaliges Erlebnis, das man sich auf keinen Fall entgehen lassen sollte.

Mercato di Antignano
Auf dem Vomero in der Nähe der Piazza degli Artisti bekommt man von Lebensmitteln über Haushaltsgeräte bis zur Mode einfach alles. Täglich von 9 bis 14 Uhr. Sonntag geschlossen.

Mercato di Posillipo
Auf dem Posillipo in der Viale del Virgiliano ist jeden Donnerstagvormittag Markt. Hier bekommt man alles, was das modische Herz begehrt. Außerdem ist der Markt einer der schönsten Neapels: Er liegt von Pinien umgeben auf der Anhöhe des Posillipo, von wo aus man eine wunderbare Aussicht auf den Golf und den Vesuv hat.

Mercato delle Pulci

Der Flohmarkt am Corso Malta ist nur sonntags geöffnet. Hier findet man alles, was alt – und manchmal auch wertvoll – ist: Möbel, Kunstdrucke, Fotos, antike Bücher, Uhren. Stöbern lohnt sich!

Mercato dell'Antiquariato

Unter den Palmen des Parks der Villa Comunale und mit Blick aufs Meer findet jedes dritte Wochenende im Monat dieser begehrte Antiquitätenmarkt statt.

Mercato di Porta Capuana

O' Buvere, also im Borgo, der Porta Capuana gibt es täglich einen Lebensmittel- und Fischmarkt, der vor allem von den Einheimischen besucht wird. Hier findet man Neapel, wie es leibt und lebt!

Mercato del Pesce a Porta Nolana

An der Porta Nolana bei der Piazza Garibaldi gibt es täglich einen großen Fisch- und Lebensmittelmarkt. Sehr eindrucksvoll!

Mercato di Port'Alba

Der berühmte Markt der Buchhändler liegt gleich an der Piazza Dante. Eine ganze Gasse voller Bücherstände! Hier kann man stundenlang in antiquarischen und aktuellen Werken schmökern und auf den ein oder anderen Schatz stoßen. Herz, was willst du mehr!

Mercato Via Vittorio Imbriani

Im Quartiere Chiaia findet man jeden Vormittag (außer Sonntag) einen Markt der „Luxusklasse“. Wer die abgehobenen Preise in den Boutiquen der nahen Luxusmeile nicht zahlen will oder kann, findet hier Markenkleidung und modische Accessoires mit kleinen Fehlern oder aus vergangenen Kollektionen für kleines Geld. Ein Paradies für Fashionistas!

Dank Napolimania weiß ich auch in Wien stets, welche Zeit es in Neapel gerade ist: Zeit zum Caffè trinken, Stau, Pizza essen, Aperitivo ...

EINKAUFSTIPP:

In der Via Toledo befindet sich eines meiner absoluten Lieblingsgeschäfte: „Napolimania" versteht sich als Souvenirshop der besonderen Art und bietet endlich einmal zeitgemäße Mitbringsel. Außer Tassen, T-Shirts und Kühlschrankmagneten mit Neapelmotiven gibt es auch Mousepads, Handyhüllen und vieles mehr mit originellen, modernen Designs und flotten neapolitanischen Sprüchen. Das Besondere daran ist, dass die Kunden fast ausschließlich Neapolitaner sind, die diese Sachen für sich selbst kaufen. Sie sind verrückt danach! So auch ich.

Napolimania
Via Toledo 312
80132 Napoli
Tel. 081/613 3221
www.napolimania.com

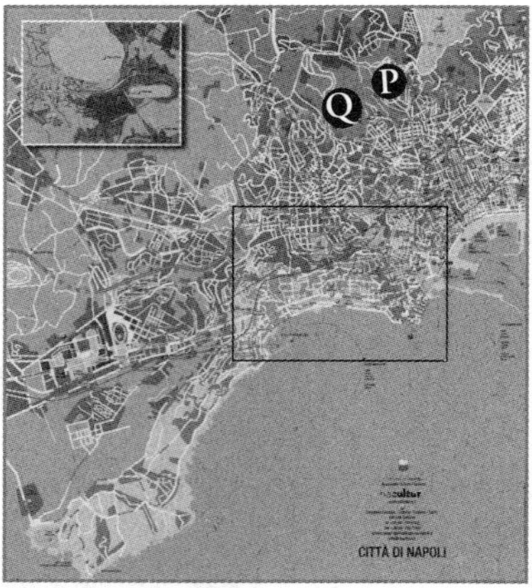

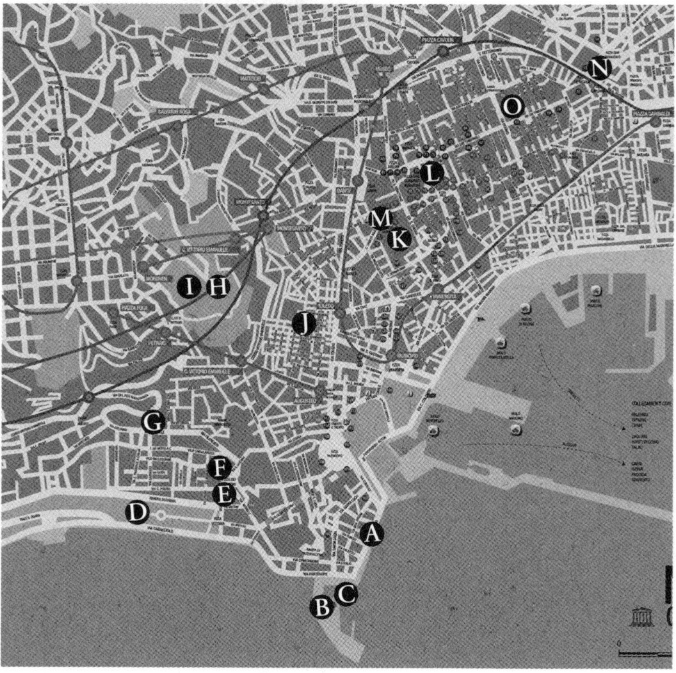

A *Fontana dell'Immacolatella*
B *Castel dell'Ovo*
C *Borgo Marinari*
D *Villa Comunale*
E *Palazzo Calabritto*
F *Palazzo Partanna*
G *Palazzo delle Arti Napoli (PAN)*
H *Certosa di San Martino*
I *Castel Sant'Elmo*
J *Quartieri Spagnoli*
K *Chiostro di Santa Chiara*
L *Cappella Sansevero*
M *Palazzo Filomarino*
N *Castel Capuano*
O *Duomo San Gennaro*
P *Capodimonte*
Q *Cimitero delle Fontanelle*

10.
PASSEGGIATA I

Ein Spaziergang durch die Vergangenheit

Der erste Morgen in Neapel gehört ausschließlich mir und meiner Stadt. Wir feiern Wiedersehen! Nach einigen Monaten kehre ich zurück und will sie endlich wieder spüren. Dazu muss ich erst ganz in sie eintauchen, mich von ihrem Rhythmus und der Bewegung in den Straßen treiben lassen. Sehnsüchtig verlasse ich das Haus und lenke meine Schritte immer der Nase nach zur nächsten Bar. Der Duft von „caffè" ist betörend, die Qualität überall hervorragend und der Preis sensationell. Schon für einen Euro erhält man in jeder beliebigen Bar den besten Espresso, den man je getrunken hat. Frisch gestärkt mache ich mich nun auf den Weg und tauche immer tiefer ein in meine Stadt, bis ich alles Wienerische an mir abgelegt habe und wieder ganz Neapolitanerin bin, ganz ich.

Rund um mich herum tost der Verkehr, wühlen sich Menschen durch den Alltag, passiert das pralle Leben. Und dennoch wird der Schritt automatisch langsamer, das Herz schlägt ruhiger, die Stimmung und die Miene hellen sich auf. Ja, sogar die Sorgenfalte auf der Stirn verschwindet wie von selbst! Die Gesten werden fließender, die Sprache mit jedem Gruß und Gespräch wieder geläufiger. Endlich, ich bin angekommen!

Mein erster Weg führt mich stets ans Meer. In der Via Caracciolo konnte man einst baden. Heute sieht man nur noch vereinzelte Fischer.

Mein erster Weg führt mich natürlich ans Meer. Die Sehnsucht ist groß. Denn erst wenn mein Auge das unendliche Blau gestreift und am Horizont Capri und Ischia wahrgenommen hat, weiß ich, dass ich wirklich in Neapel bin. Langsam schlendere ich an der wunderschönen Fontana dell'Immacolatella und dem Castel dell'Ovo (Neapels ältester Burg) vorüber die Via Caracciolo entlang. Einst zu einer mehrspurigen Innenstadtautobahn verkommen, wurde die Prachtstraße zwischen der Küste, der Via Partenope und der grünen Lunge Neapels, dem Park rund um die Villa Comunale, vor einigen Jahren zur Fußgängerzone erklärt, natürlich sehr zum Ärger der Autofahrer. Mein Vater zum Beispiel schimpft auch heute noch jedes Mal über die Stadtverwaltung und holt zu einem weitläufigen Monolog über die italienische Politik aus, wenn er am Weg zurück ins Zentrum die Umleitung nehmen muss. Alle übrigen Neapolitaner wissen dieses Stück Lebensqualität jedoch zu schätzen. Hier kann man flanieren, mit dem Hund spazieren gehen oder sogar joggen. Kinder fahren Rad, Liebespaare sitzen eng umschlungen auf der Kaimauer und Touristen aus aller Welt blicken von ihren überteuerten Restauranttischen aus verklärt aufs Meer und können so viel Schönheit auf einmal gar nicht fassen, während die Möwen krächzend ihre Bahnen über den Azur ziehen.

BADEFREUDEN

Der Lungomare war seit jeher der Strand der Neapolitaner. Hier erholte man sich und ging schwimmen. Bis in die 1960er-Jahre gab es in St. Lucia sogar Badeanstalten, wovon die berühmteste das Bagno El Dorado im Borgo Marinari war. Es verfügte über 200 Kabinen, ein Restaurant und sogar ein Theater. Im Sommer sieht man ab und zu auch heute noch Leute, die hier schwimmen gehen. Meist handelt es sich aber um Jugendliche, die eine Mutprobe wagen wollen. Denn Mut braucht man, um hier ins Wasser zu gehen. Um die Wasserqualität ist es nämlich sehr schlecht bestellt. Jedes Jahr wird ein neuer Küstenabschnitt ob der starken Umweltverschmutzung mit einem Badeverbot belegt. Das ist aber verständlich in einer Groß- und Hafenstadt. Weniger verständlich finde ich ja, dass die Badeverbote oft für nur wenige Meter voneinander entfernt liegende Abschnitte verhängt beziehungsweise wieder aufgehoben werden. Beispielsweise darf man in der Via Partenope nicht baden, während man in der direkt anschließenden Via Caracciolo schon baden dürfte. Angler sieht man jedoch viele. Auch mein Bruder Giorgio geht mit seinen Freunden ab und zu hier angeln. Jedoch wohl mehr zum Zeitvertreib. Denn die gefangenen Fische wirft er am Schluss wieder ins Meer.

Aber ein normaler Neapolitaner geht weder hier noch dort baden. Erst ab Posillipo lasse ich mit mir reden, einen Fuß ins Wasser zu setzen. Das Bagno Elena bietet für eine Mittagspause am Strand das geeignete Ambiente. Hier gibt es alles, was man für eine rasche Abkühlung zwischendurch braucht: Liegen, Strandtücher, Sonnenschirme und ein Restaurant. Noch ein Stück weiter stadtauswärts bietet auch die Bucht von Marechiaro Badevergnügen für zwischendurch. Wenn man allerdings einen richtig schönen Badetag erleben will, fährt man besser aus der Stadt hinaus. Mit dem Aliscafo, dem Tragflügelboot, ist man in einer Stunde auf Capri, Ischia oder sogar an der Costa Amalfitana, wo das Wasser klar und rein ist.

Villa Comunale

Der Park wurde Ende des 17. Jahrhunderts vorerst als Spazierweg für den König (Real Passeggio di Chiaia) am Strand der Riviera di Chiaia zwischen der Reggia, also dem Königspalast, und der Grotta di Mergellina (Fuorigrotta) angelegt. Später entwickelte sich daraus, nach dem Vorbild der Tuilerien in Paris, ein prächtiger Garten mit einer Vielzahl von Brunnen, Tempeln, Steinskulpturen und exotischen Pflanzen.

Sehenswert sind neben dem Acquario (das älteste Aquarium Europas) auch der Musikpavillon (Cassa Armonica) und die Fontana Paparelle. In der Casa Pompeiana werden das ganze Jahr über Ausstellungen moderner Kunst gezeigt. Hier kommen die Neapolitaner gerne zum Joggen, Fußballspielen und Radfahren her. Auch ich habe als Kind meine ersten Fahrversuche hier absolviert.

Riviera di Chiaia
80121 Napoli
www.comune.napoli.it

Nach ein paar tiefen Atemzügen und der Gewissheit, dass der Vesuv, das Meer und die Inseln noch da sind, wo ich sie bei meinem letzten Besuch zurückgelassen habe, biege ich nun an der Piazza della Vittoria ab und kehre am Zeitungskiosk vorbei, die Via Calabritto hinaufsteigend, beruhigt ins Zentrum zurück, um durch mein absolutes Lieblingsviertel zu streifen, das Quartier Chiaia. Das ist mein Neapel: elegant, prachtvoll und kultiviert. Hier befinden sich noch viele umwerfend schöne Paläste, die von bedeutenden Architekten wie Ferdinando Sanfelice (1675–1748), dem Erfinder der prächtigen neapolitanischen Treppenhäuser, errichtet wurden.

Zu den örtlichen Prachtbauten gehören etwa der prächtige Palazzo Calabritto und auch der Palazzo Partanna an der Piazza dei Martiri, der im 17. Jahrhundert einst weit vor den Toren der Stadt als Sommerpalais mit üppigen Gärten bis zum Meer hinunter für die alteingesessene neapolitanische Adelsfamilie Cossa gebaut wurde. (Dies sei nur am Rande erwähnt: Die Familie Cossa soll gar bis zur Zeit der Griechen in Neapel nachweisbar sein.) Anfang des 19. Jahrhunderts wohnte hier die morganatische Ehefrau Federicos I. von Bourbon. Heute ist er ein Bürogebäude, in dem sich u. a. der Sitz der italienischen Industriellenvereinigung befindet. Von den ausladenden Gärten, durch die einst die Frau des Königs spazierte, ist heute leider nichts mehr erhalten.

In einem weiteren bedeutenden Palais aus dem 17. Jahrhundert, das auf den Grundmauern eines römischen Landsitzes erbaut worden sein soll und in den 1960er-Jahren beinahe einer Grundstücksspekulation zum Opfer gefallen wäre, dem Palazzo Carafa di Roccella in der Via Dei Mille, befindet sich heute dank Ankauf durch die Stadt der Palazzo delle Arti, kurz P.A.N. genannt, ein Kulturzentrum und Museum der Comune di Napoli. Hier finden regelmäßig Ausstellungen zeitgenössischer Künstler, Konzerte oder Lesungen statt, die von der Stadt organisiert werden.

Theater wie das Jugendstil-Etablissement Sannazzaro sowie traditionsreiche Lokale wie das Caffè Gambrinus und alteingesessene Handwerksbetriebe wie der Herrenschneider Rubinacci oder der Schuhmacher Ferrante, die eine Institution sind, runden das Stadtbild in diesem eleganten Viertel ab.

P.A.N. Palazzo delle Arti Napoli
Im barocken Palazzo Roccella ist das moderne Kulturzentrum der Stadt Neapel, das P.A.N., untergebracht. Hier finden Ausstellungen, Konzerte, Lesungen und vieles mehr statt. Täglich geöffnet von 9:30 bis 19:30 Uhr.
Via Die Mille 60
80121 Napoli
Tel. 081/795 86 04
www.comune.napoli.it

Den eigentlichen Reiz dieses Viertels macht für mich jedoch etwas ganz anderes aus, nämlich das Wissen darum, dass die Stadt hier ihren Ursprung genommen hat. Oder wie der neapolitanische Dirigent Riccardo Muti es so treffend formuliert hat: „Hier ist die DNA Neapels." Die Via Chiaia hinab spazierend, die einem ehemaligen Flusslauf folgt und über die daher die Ponte Chiaia führt, welche seit dem 17. Jahrhundert den Felsen Pizzofalcone mit den Quartieri Spagnoli verbindet, kann man sich vorstellen, wie idyllisch es hier einst ausgesehen haben muss. Und plötzlich versteht man, weshalb sich die Griechen an diesem schönen Fleckchen Erde zwischen Fluss und Meer im Schutze des Felsens und am Fuße dieser für Neapel so bezeichnenden Hügel angesiedelt haben. Hier nimmt übrigens auch die pittoreske Salita del Petraio ihren Anfang, welche bereits seit dem 6. Jahrhundert als Steig genutzt wird und heute über 503 Stufen und durch enge Gässchen auf den Vomero, Neapels wohl teuerste Wohngegend, hinaufführt. Einfacher gelangt man dorthin zwar mit der Funicolare, aufregender und zufriedenstellender ist es jedoch, die spektakuläre Aussicht über den gesamten Golf nach diesem anstrengend Fußmarsch zu genießen. Der neapolitanische Sänger Roberto Murolo hat dieser berühmten Treppe übrigens mit dem Lied „Scalinatella", welches die Mühen des Besteigens dieser Treppe anschaulich wiedergibt, ein musikalisches Denkmal gesetzt.

Heilige, wohin das Auge reicht!

Der Abstieg vom Vomero gelingt am besten mit der Funicolare oder auch zu Fuß über die 400 Stufen der Pedamentina, ein weiterer Steig, der von der Certosa di San Martino bis zum Corso Vittorio Emanuele und weiter durch die Quartieri Spagnoli bis zur Via Toledo führt, was aber nicht ratsam ist. Denn die im 16. Jahrhundert als Quartier für die spanischen Truppen erbauten Quartieri Spagnoli sind heute ein dicht bevölkertes, heruntergekommenes Wohnviertel und als Hochburg der Camorra berüchtigt. Das Leben in den engen Gassen dieses Viertels folgt seit Jahrhunderten seinen eigenen Gesetzen. Mit der Reformierung Neapels durch Bürgermeister Bassolino vor einigen Jahren wurden die Quartieri Spagnoli zwar entschärft und formell „touristentauglich“ gemacht, dennoch würde bis heute kein Neapolitaner auch nur einen Fuß hineinsetzen. Sicher ist sicher. Und so existieren in Neapel viele solcher Realitäten nebeneinander.

Certosa di San Martino

Das Karthäuserkloster wurde im Jahre 1325 durch Karl von Anjou gegründet. In der Barockzeit umgebaut, wurde es 1806 schlussendlich säkularisiert und ist seit 1866 Sitz des Museo Nazionale di San Martino, das die Geschichte und die Kunst

Neapels dokumentiert. Heute ist es vor allem ein beliebtes Ausflugsziel und Fotomotiv für Verliebte und Brautpaare. Das Museum ist täglich von 8:30 bis 19:30 Uhr geöffnet.

Largo San Martino 5
80129 Napoli
Tel. 081/229 45 02
www.comune.napoli.it

Funicolare

Die ganze Welt kennt sie durch das neapolitanische Volkslied „Funicolì, Funicolà", welches anlässlich der Eröffnung der ersten Standseilbahn auf den Vesuv 1880 von Luigi Denza und Peppino Turco komponiert wurde. Beim Ausbruch des Vesuvs 1944 zerstört, fährt die Funicolare heute nicht mehr auf den Vulkan. Das Flair ist allerdings geblieben. Die vier modernen Linien in der Stadt sind jedoch unersetzlich. Sie schaffen in nur wenigen Minuten, wofür man mit dem Auto sonst Stunden braucht: Sie verbinden die unteren Teile Neapels mit den Anhöhen der Stadt. Die Centrale fährt ab Via Toledo, die Chiaia ab Piazza Amedeo und die Montesanto ab Piazza Montesanto auf den Vomero. Die Mergellina führt auf den Posillipo. *www.anm.it*

Für mich mit Abstand die schönste Interpretation des Liedes „Funicolì, Funicolà", neben denen von Pavarotti, Bocelli & Co, ist jene, die im Dezember 2018 bei einem Flashmob im Caffè Gambrinus augenscheinlich von den Kellnern und Gästen spontan gesungen wurde. In Wirklichkeit handelte es sich um eine kulturelle Initiative des Lokalbesitzers unter Einbindung professioneller Sänger. Dennoch einzigartig und auf der bekanntesten Videoplattform der Welt leicht zu finden, wenn Sie „Flashmob Gambrinus" eingeben. Ein Genuss!

Gran Caffè Gambrinus
Piazza Trieste e Trento
80132 Napoli
Tel. 081/41 75 82
www.grancaffegambrinus.com

Von der Talstation der Funicolare, einem Juwel des Jugendstils, in der Via Toledo, die inzwischen leider mit so mancher Einkaufsstraße vieler europäischer Städte vergleich- und verwechselbar geworden ist, gelangt man an meiner Lieblings-Rosticceria „L.U.I.S.E." vorbei in nur zehn Minuten zu Fuß ins historische Zentrum von „Neapolis", wo sich in der Antike erst die Agorà und später das Forum Romanum befanden – das Herz Neapels also. Hier kreuzt die Spaccanapoli unseren Weg und nimmt uns mit auf eine Zeitreise in die Antike. Von der glatt asphaltierten Hauptstraße mit ihren großen, hell erleuchteten Schaufenstern biegt man um die Ecke und findet sich von einer Sekunde auf die andere in einer mit antiken Steinquadern gepflasterten engen Gasse wieder, in der das pralle Leben seit Jahrtausenden pulsiert. Kleine, überfüllte Geschäftslokale reihen sich aneinander. Überall stehen Tische, Wagen und Bänke mit Tausenden von bunten Sachen. Straßenmusikanten, Wahrsager und Bettler gehören hier ebenso zum Straßenbild wie die Händler, die lauthals ihre Waren anpreisen. Den ganzen Tag über kann man hier an jeder Ecke frisch zubereitete Speisen kaufen und es duftet herrlich nach Kaffee.

Dazwischen stehen unaufdringlich und quasi unbemerkt die eigentlichen Sehenswürdigkeiten der Stadt, und als Tourist muss man echt aufpassen, bei all dem Getümmel nicht daran vorbeizulaufen. Ob die als ursprünglich im 15. Jahrhundert als Palazzo San Severino erbaute und später zur Kirche umfunktionierte Chiesa del Gesù Nuovo oder der aus dem 14. Jahrhundert stammende Palazzo Filomarino, der einst

Wohnsitz des berühmten neapolitanischen Philosophen Benedetto Croce war, oder aber die im 13. Jahrhundert auf griechischen Grundmauern errichtete Kirche San Domenico Maggiore oder die Cappella San Severo mit der berühmten Marmorskulptur des Cristo velato und viele mehr – sie alle stehen hier auf engstem Raum dicht nebeneinander und versetzen den Besucher einfach nur in Staunen.

Palazzo Filomarino

Dieser Palazzo aus dem 14. Jahrhundert ist nur einer von vielen Prunkbauten auf der Spaccanapoli. An Bedeutung gewinnt er vor allem durch die Tatsache, dass hier der wichtigste neapolitanische Philosoph des 20. Jahrhunderts lebte. Benedetto Croce (1866–1952), nach dem die Straße benannt wurde, war durch seine „Philosophie der Freiheit" ein Wegbereiter der Demokratie. Das 1947 von ihm gegründete Istituto Italiano per gli Studi Storici (Italienisches Institut für Historische Studien) hat heute noch seinen Sitz hier.

Via Benedetto Croce 12
80134 Napoli
Tel. 081/5517159
www.iiss.it

Cappella Sansevero

Diese faszinierende Kapelle wurde in der zweiten Hälfte des 18. Jahrhunderts als Grabkapelle der Adelsfamilie Sansevero erbaut. Unter den wunderschönen Skulpturen ist vor allem der Cristo velato (der verschleierte Christus) von Sanmartino, ein barockes Meisterwerk aus einem einzigen Stück Marmor, zu nennen. Außerdem birgt die Kapelle das Museo Sansevero, in dem die geheimnisvollen „anatomischen Maschinen" des Prinzen Raimondo di Sangro von Sansevero (1710–1771) ausgestellt werden. Gruselig sind vor allem die zwei Skelette und das dazugehörige Geflecht aus versteinerten Adern und

Venen, das dem Principe (bis heute!) gelungen ist, perfekt zu konservieren. Der Prinz galt als Okkultist, Alchimist und Magier. Er war der Großmeister der neapolitanischen Freimaurerloge und entlarvte als erster Wissenschaftler das Blutwunder des San Gennaro vor den Augen des damaligen Kardinals als chemische Spielerei. Später wurde er, wohl genau deshalb, von der Kirche als Wissenschaftler und Freimaurer öffentlich diskreditiert.

Täglich geöffnet von 9:00 bis 19:00 Uhr, Dienstag geschlossen
Via F. De Sanctis 19
80134 Napoli
Tel. 081/55 18 470
www.museosansevero.it

Mein absoluter Lieblingsort in dieser Gegend ist jedoch das Chiostro di Santa Chiara, das im 14. Jahrhundert von den Anjou erbaute Franziskaner- und Klarissinnenkloster. Nichts ist besser für eine erholsame Pause unter der glühenden Mittagssonne geeignet als ein Rückzug in jenen paradiesischen Garten inmitten der Stadt, der gleich einer Oase nicht nur wohltuenden Schatten spendet, sondern Dank seiner Orangenbäume und Lavendelsträucher gleichzeitig einen lieblichen Duft verströmt. Während man auf den Bänken im Kreuzgang, der das üppige Grün umschließt, rastet und dem lieblichen Plätschern des Brunnens lauscht, kann man auf den Pfeilern und Wänden die Vorgänger jener blau-gelben Majoliken bewundern, wie sie noch heute in ganz Kampanien hergestellt und allseits verwendet werden. Auf den jahrhundertealten Fliesen sind neapolitanische Allegorien und Landschaftsbilder zu sehen. Und es gibt sogar eine Darstellung vom rauchenden Vesuv! Die Fresken an den Wänden des Säulenganges stammen aus dem 17. Jahrhundert und legen Zeugnis von der Macht längst vergangener Tage ab. Allegorien und Szenen aus dem Alten Testament bieten dem aufmerksamen Betrachter Unterhaltung

Für mich der schönste Ort zum Verweilen in Neapel: das Monastero Santa Chiara.

und Gesellschaft während seines Aufenthaltes in diesem kleinen Paradies der Stille und Einkehr inmitten der lärmenden Großstadt.

Monastero e Chiesa di Santa Chiara

1310 wurde von Robert I. von Anjou, dessen Grab hinter dem Hauptaltar liegt, der Grundstein für diese Kirche samt Kloster gelegt. Sie sollte der Anjou-Dynastie als königliche Grabstätte dienen. Im 18. Jahrhundert bekam die Kirche nach großen Restaurierungsarbeiten ein barockes Aussehen. 1943 wurde sie bei einem Bombenangriff fast vollständig zerstört und nur die Mauern aus dem 14. Jahrhundert hielten stand. Durch Restaurierung entstand die Kirche deshalb wieder in ihrer gotischen Urform.

Via Benedetto Croce
Tel. 081/19168828
Montag bis Samstag 9:30–17:30 Uhr
Sonntag 10:00–14:30 Uhr
www.monasterodisantachiara.it

Parallel zu Spaccanapoli, dem griechisch-römischen „Decumanus inferior", verläuft der „Decumanus maior", der heute Via dei Tribunali heißt. Sie beginnt hinter dem Castel Capuano, das aus dem 12. Jahrhundert stammt und bis zur Errichtung des Castel Nuovo, also der neuen Burg, im 16. Jahrhundert durchgehend die Residenz der neapolitanischen Herrscher war. Hier, an der Porta Capuana, einem der vier noch erhaltenen Stadttore aus jener Zeit, gibt es einen der schönsten Märkte der Stadt, der einen beim Betrachten des bunten Treibens vor der mittelalterlichen Kulisse gleichsam auf eine Zeitreise entführt und einem in nur einem Augenblick vielleicht mehr über diese Metropole am Mittelmeer offenbart als so manches Geschichtsbuch.

Die Gesichter der Fischverkäufer sind die gleichen wie jene auf römischen oder mittelalterlichen Fresken. Nur die Mode hat sich im Wesentlichen verändert. Anstatt wallender Gewänder über athletischen Körpern sieht man heute überall knappe, bunt bedruckte T-Shirts über wohlgerundeten Bäuchen. Wie ihre Vorfahren preisen sie lauthals ihre Waren an und wiegen sie zumeist noch auf archaisch anmutenden Kettenwaagen, die sie dabei in der Hand halten. Unzählige Gemüsesorten und exotische Früchte sind zu ansehnlichen Bergen aufgestapelt. Dazwischen tummeln sich neapolitanische Hausfrauen mit geschultem Blick. Sie vergleichen, kosten und feilschen, ehe sie mittags mit voll bepackten Einkaufswagen an den Herd heimkehren und der Marktplatz sich langsam leert. Streunende Katzen machen sich nun über die Fischreste her und kleine Kinder spielen mit herumkullernden Orangen Fußball. Am Nachmittag wird der Platz von Straßenfegern gereinigt und abends flanieren hier schon wieder die Liebespaare Arm in Arm durchs Tor.

Castel Capuano und Porta Capuana

Das Castel Capuano befindet sich am Ende der Via dei Tribunali im Quartiere Forcella. Die Burg wurde 1165 von den Normannen zum Schutz des Stadttores, Porta Capuana, errichtet und blieb bis zu den Aragonen königliche Residenz. Nach Errichtung der neuen Residenz, Castel Nuovo, wurde 1540 das Gericht darin untergebracht, das sich teilweise heute noch hier befindet. Einige Sektionen der Corte d'Appello (Berufungsgericht) sind nach der Übersiedlung des Großteils in den Palazzo di Giustizia im modernen Centro direzionale hier verblieben. Das Tor, zu finden an der Piazza Enrico De Nicola, wurde 1484 umgebaut. Es steht zwischen zwei zylindrischen Türmen mit den Namen Onore (Ehre) und Virtù (Tugend).

Bemerkenswert sind die Marmordekorationen. An der Spitze befindet sich das Wappen von Karl V.

Auf der Via dei Tribunali gelangt man weiter zur Via San Gregorio Armeno, der Straße der Krippenbauer. Auch dieser Straßenzug birgt wahre kulturhistorische Schätze, wie zum Beispiel die Kirche und das Kloster San Lorenzo Maggiore. Der Schriftsteller Giovanni Boccaccio soll sich hier in Maria von Aquin verliebt haben, jenes Mädchen, das ihm als Fiammetta für seinen gleichnamigen Roman als Vorlage diente. Und während eines gewaltigen Unwetters im November 1345 soll Petrarca gemeinsam mit den Mönchen in der Kirche gebetet haben. Durchaus wahrscheinlich, denn schließlich befinden wir uns hier im ältesten noch erhaltenen Stadtteil Neapels. So liegt hier auch der historische Kern der Stadt, die Agora beziehungsweise das Forum. Diese kann man in den Ausgrabungen unterhalb der Piazza San Gaetano besichtigen. Dazu braucht man bloß unterhalb der Kirche San Lorenzo Maggiore die Treppen in die kühle, dunkle Unterwelt hinabzusteigen und begibt sich, zwischen bis heute erhaltenen römischen Geschäften und Lokalen, auf eine unvergleichliche Zeitreise in die Antike.

San Lorenzo Maggiore

Auf den Grundmauern einer Kirche aus dem 6. Jahrhundert wurde im Auftrag Karls I. von Anjou 1265 mit dem Bau eines der ältesten und reichsten heute noch erhaltenen Gebäude Neapels begonnen. Unterhalb der Kirche kann man Ausgrabungen aus der Zeit des griechisch-römischen Neapel besichtigen, wo man den antiken Vorgänger der Via dei Tribunali, den „decumanus maior", mit dem Markt sowie seinen gut erhaltenen Geschäften und Werkstätten unterirdisch bewundern kann.

Der Zugang zu „Neapolis Sotterrata" ist täglich von 9:30 bis 17:30 Uhr geöffnet.

Piazza San Gaetano 316
80138 Napoli
Tel. 081/211 08 60
www.laneapolissotterrata.it

Von hier aus ist es auch nur ein Katzensprung zum Duomo, Neapels wohl berühmtestem Heiligen, nämlich San Gennaro, gewidmet ist. Er steht auf den Grundmauern der ältesten in Europa nachgewiesenen Kirche, bildet das religiöse Zentrum Neapels und ist der Ort des bekannten Blutwunders, das hier zweimal pro Jahr stattfindet.

GLAUBE & ABERGLAUBE
San Gennaro, O'Munaciello, Tombola & Co

Neapel hat unzählige Kirchen, Klöster und Kapellen. In fast jeder Straße gibt es zumindest eine Heiligenstatue oder einen Bildstock. Die Neapolitaner sind ein sehr gläubiges Volk und ihrem jeweiligen persönlichen Heiligen treu ergeben. Glaube und Aberglaube liegen jedoch bekanntlich dicht beieinander, auch in Neapel. Abseits der Geschichten von den Wundern der vielen Heiligen, die in den unzähligen Kirchen Neapels verehrt werden, erzählt man sich hierzulande auch viele alte Legenden und Mythen. Die Fantasie der Menschen ist schier unerschöpflich, und manchmal treibt sie besondere Blüten. So gibt es in der Bar „Nilo" auf der gleichnamigen Piazzetta beispielsweise einen ganz besonderen „Heiligenschrein". Hier, wo sich der Fanclub des ehemaligen FC-Napoli-Spielers Diego Armando Maradona trifft, wird ein Haar des Fußballstars wie eine Reliquie in einem kleinen Altar aufbewahrt! Der Beweis, dass Fußball in Neapel also doch so etwas wie eine Religion ist.

Der berühmteste unter Neapels Heiligen ist und bleibt aber San Gennaro. Ihn kann man wohl als Haus- und Hofheiligen der Neapolitaner bezeichnen. Er ist der Schutzpatron der Stadt und ihre Bewohner haben ein sehr persönliches Verhältnis zu ihm. Zu Lebzeiten war Gennaro Bischof von Benevento und wurde während der Christenverfolgungen um 305 n. Chr. in Pozzuoli enthauptet. Der Legende nach soll eine Frau beim Tod des Märtyrers sein Blut in einer Ampulle aufgefangen und aufbewahrt haben. Als die Gebeine des Heiligen und die Ampulle einige Jahre später nach Neapel gebracht wurden, soll sich das Blutwunder zum ersten Mal ereignet haben. Seither kann man jedes Jahr am ersten Wochenende im Mai und am 19. September bestaunen, wie sich das in der Ampulle aufbewahrte Blut des Heiligen verflüssigt.

Fussball – Heiligenverehrung der anderen Art

Der Tag des Blutwunders ist ein wichtiges Fest für Neapel und wird entsprechend gefeiert. Immerhin entscheidet sein Ausgang über das Schicksal der Stadt. Rund um den Dom findet man viele Verkaufsstände, an denen Süßigkeiten, Maiskolben und Devotionalien verkauft werden. Vor dem Gottesdienst zieht eine Prozession mit mehreren Heiligenfiguren, eskortiert von Carabinieri in Galauniform, dem Bürgermeister und dem Kardinal, allen voran San Gennaro, durch Spaccanapoli und die Leute applaudieren ihrem „Helden". Die Statue des Heiligen darf nur von ausgesuchten Ehrenmännern getragen werden. Die Warteliste dafür ist lang. Danach wird die Ampulle mit seinem Blut der Öffentlichkeit gezeigt und unter lauten Gebeten so lange hin und her bewegt, bis das Blut sich verflüssigt.

Es gibt zwar eine Reihe von Wissenschaftlern, welche die Ursache für die Verflüssigung des Blutes entdeckt haben wollen, wie der schon erwähnte, den Naturwissenschaften zugetane Prinz und Freimaurer Sansevero, welcher das Blutwunder des San Gennaro bereits im 18. Jahrhundert als Erster vor den Augen des damaligen Kardinals wissenschaftlich als chemische Spielerei entlarvte, dennoch nehmen bis heute regelmäßig hohe kirchliche und sogar politische Würdenträger an dem Ritual teil. Immerhin hatte San Gennaro bisher immer Recht mit seinen Vorhersagen. Denn als das Blutwunder beispielsweise 1980 ausgeblieben war, was als ein schlechtes Omen gilt, wurde Neapel von einem schweren Erdbeben heimgesucht, bei dem mehr als 2000 Menschen ihr Leben verloren.

Solche Wunder und Omen gibt es in Neapel übrigens zuhauf. In der Grotte am Fuße des Hausberges Posillipo (Piedigrotta) soll schon im 13. Jahrhundert die Madonna erschienen sein, weshalb man ihr auch die Kirche Santa Maria di Piedigrotta erbaute, die 1339 bereits von Boccaccio in einem Brief als „Madonna de Pederotta" erwähnt wurde. In der Kirche Santa Maria del Carmine verehrt man die ebenfalls wundertätige Santa Maria La Bruna. Und in einer Kapelle bei San Gregorio Armeno gedenkt man einer Santa Patrizia Vergine, die von den Frauen Neapels als ihre Patronin angesehen wird. Sie lässt Wunder geschehen und, wie bei San Gennaro, verflüssigt sich auch ihr Blut ab und an. Gleichberechtigung auf Neapolitanisch.

GESCHICHTSTIPP:

Die Chiesa Santa Maria del Carmine und die davor liegende Piazza Mercato wurden im Jahr 1647 zum Zentrum eines Volksaufstandes gegen die spanischen Herrscher und ihre Steuerpolitik. Der Fischer Tommaso Aniello, genannt Masaniello, führte das Volk an und riss mit dessen Unterstützung für zehn Tage die Regierung Neapels an sich. In der Kirche kam es zu Verhandlungsgesprächen mit dem spanischen Vizekönig und dem Kardinal. Im angrenzenden Kloster wurde Masaniello jedoch nur wenige Tage nach seiner

Machtergreifung ermordet und bestattet. Seine sterblichen Überreste ließ König Ferdinand IV. nur wenige Jahre nach der Französischen Revolution, aus Angst, dass es auch in Neapel wieder einen Volksaufstand geben könnte, exhumieren und vernichten.

So wie der Glaube treibt aber auch der Aberglaube seine Blüten in Neapel. Und so beten die Neapolitaner nicht nur zu den Heiligen, sondern gehen auch regelmäßig zur Wahrsagerin ihres Vertrauens. Vor allem die Frauen. Beim Spaziergang durch die Altstadt von Neapel kann es vorkommen, dass man vor den Häusern Frauen an kleinen Tischchen sitzen sieht, auf dem sie Tarotkarten vor sich ausgebreitet haben. Es sind Kartenlegerinnen, die inmitten von einkaufenden Passanten, hupenden Autos und spielenden Kindern die Zukunft ihrer Kunden voraussagen.

Die wirklich guten Hellseherinnen sind jedoch ein gut gehütetes Geheimnis. Sie werden, wie gute Ärzte oder Automechaniker, nur hinter vorgehaltener Hand verraten und sind meist ältere Damen, die bei sich zu Hause in der Küche verzweifelten Menschen gegen gutes Geld mit konspirativer Miene und in breitestem Neapolitanisch die Zukunft vorhersagen. Bei uns in der Familie ist das Zia Olimpia. Sie liest aus Händen, Kaffeesatz und zur Not auch aus Karten. Nur, dass sie kein Geld dafür nimmt – zumindest nicht von ihren Verwandten.

Zia Olimpia ist alleinstehend. Seit sie ihr Mann Salvatore für eine andere Frau verlassen hat, lebt sie alleine in der großen Wohnung, von der sie aber nur einen kleinen Teil bewohnt. Die anderen Zimmer sind zwar perfekt eingerichtet, jedoch abgesperrt, für den Fall, dass ihr Mann doch noch eines Tages zurückkommt. Inzwischen sagt die in der Liebe selbst glücklose Tante anderen Frauen die Liebessterne voraus. Das ist

Der Aberglaube treibt so manche Blüte …

für sie so etwas wie eine Berufung. In der Tat braucht man Zia Olimpia nicht um ihre Hilfe zu bitten. Sie spürt, wer diese benötigt, und trägt sie derjenigen zum gegebenen Zeitpunkt selbst an. Mit konspirativem Blick nähert sie sich der besagten Frau, nimmt sie wortlos an die Hand und führt sie in ihre Küche. Dort, im Halbschatten der herabgelassenen Markise, nimmt sie einen Stapel abgegriffener Karten aus einem alten Perlmuttkästchen, zündet sich eine Zigarette an und beginnt, eingehüllt in den blauen Dunst, die Karten für ihren Besuch aufzulegen. Mit der Zigarette im Mundwinkel und konzentriertem Blick deckt sie nun Karte für Karte auf und erklärt in breitestem neapolitanischen Dialekt sowie mit ausladenden Gesten das zu erwartende Schicksal. Im Allgemeinen ist sie diesbezüglich recht treffsicher und deshalb im ganzen Quartier sehr begehrt. Nur was die Rückkehr ihres eigenen Mannes betrifft, tappt sie leider im Dunkeln.

Nirgendwo in Italien ist der Aberglaube so tief im Volksglauben verwurzelt wie in Neapel. Die Verbindung von Religiosität und Aberglauben ist nur einer der Widersprüche, die Neapel charakterisieren und so reizvoll machen. Gegen das „malocchio“, den gefürchteten bösen Blick, schützt man sich zum Beispiel nicht nur mit Gebeten zu Heiligen aller Art, denen man in den Häusern und Geschäften, wie einst den Hausgöttern im alten Rom, kleine Altäre errichtet, sondern auch mit dem „corno", dem Horn, das man am besten direkt am Körper trägt. Ursprünglich als das Symbol der Fruchtbarkeit rigoros rot, werden die „corni" heute in verschiedenen Größen und Formen sowie aus fast allen Materialien (Koralle, Gold, Silber und sogar aus Plastik) hergestellt. Man findet sie als Halsketten- oder Schlüsselanhänger und über Haustüren. Ein „corno" darf nach dem Volksglauben nicht gekauft, sondern muss geschenkt werden, damit es seine Funktion erfüllen kann.

Wer bei spontan drohendem Unheil gerade kein „corno" zur Hand hat, macht einfach „le corna". Dabei spreizt man mit einer Geste den Zeigefinger und kleinen Finger und richtet die Hand nach unten, um das Unglück „abzuleiten". Moderne Neapolitaner werden in Zeiten von Social Media und Internet natürlich kaum zugeben, dass es den bösen Blick wirklich gibt. Aber keiner von ihnen verlässt je ohne sein „corno" das Haus. Auch ich nicht.

Das wohl bekannteste Fabelwesen Neapels ist der „Munaciello". Er wird von den Neapolitanern gleichzeitig geliebt und gefürchtet. Unzählige Legenden und Erzählungen ranken sich um ihn. Barfuß und in Lumpen gehüllt, zeigt er sich einmal als Kind, einmal als alter Mann. Man sagt, dass es sich um den Geist eines jung verstorbenen Waisenkindes handelt, das in die Häuser einstieg, um zu stehlen. Über Nacht lässt er Gegenstände in den Häusern und Wohnungen verschwinden. Fehlt also plötzlich ein Gegenstand, so schiebt man die Schuld auf den Munaciello. Wem er erschienen ist, dem hinterlässt er eine Münze als Entschädigung.

Die tatsächliche Erklärung dafür ist, dass in den vergangenen Jahrhunderten Kinder armer Familien, die in den unterirdischen Höhlen- und Tunnelsystemen unterhalb der Stadt lebten, durch die Keller heimlich bis in die Häuser vordrangen und sich so mit Lebensmitteln oder anderen Gegenständen versorgten.

Diese Zustände gibt es im modernen Neapel Gott sei Dank nicht mehr. Der Munaciello jedoch ist den Neapolitanern geblieben.

GESCHICHTSTIPP:

Real Albergo dei Poveri

Die Armut war in Neapel über viele Jahrhunderte omnipräsent. 1749 war der Unmut im Königreich Neapel wieder einmal so groß, dass König Karl III. den Entschluss fasste, ein „Albergo dei Poveri“ zu erbauen, um obdachlosen Männern, Frauen und Kindern eine Unterkunft zu geben und dieses große soziale Problem, das zum Pulverfass zu werden drohte, zu kontrollieren. Wie groß das Ausmaß der Armut in Neapel tatsächlich gewesen sein muss, verrät das gigantische Ausmaß der Anlage, die mit ihren 103.000 m^2, der gigantischen Freitreppe und dem immer noch prachtvollen Garten größer als die Reggia di Caserta, der königliche Palast, war! Der Komplex ist heute an der Frontseite zwar frisch renoviert, jedoch großteils unbenutzt. Dennoch befinden sich in einigen weiter hinten gelegenen Trakten des baufälligen Gebäudes auch heute noch Sozialwohnungen. Denn so ganz ist die Armut in Neapel leider doch nicht verschwunden …

Piazza Carlo III
80137 Napoli

Aber es gibt noch eine Form von Glauben in Neapel: den an das Glücksspiel! Neben der normalen staatlichen Lotterie gibt es in Neapel auch die Tombola, die auf Zahlenmystik beruht und vor allem in der Weihnachtszeit gerne von der ganzen Familie gespielt wird. Jeder Zahl wird ein bestimmtes Symbol zugeordnet. Gerne werden so die Träume gedeutet und später als Lottozahlen gesetzt.

Die neapolitanische Form der Lotterie: die Tombola.

„La Smorfia“, die Bibel der Lottospieler, hält seit Jahrhunderten die Bedeutungen der Zahlen fest. Träume und Ereignisse des täglichen Lebens werden jeweils bestimmten Zahlen zwischen 1 und 90 zugeordnet. Das Buch wurde erstmals im 19. Jahrhundert aufgelegt. Die „Smorfia napoletana“ wurde davor jedoch bereits über mehrere Jahrhunderte vom Volksmund tradiert. Das Werk wird noch heute ständig aktualisiert und ordnet auch modernen Ereignissen eine Zahl zu. So steht die Zahl 45 beispielsweise für Wein, aber gleichzeitig auch für Computer. Für alle, die beim Ankreuzen des nächsten Lottoscheins nach den richtigen Zahlen suchen, hier eine kleine Hilfestellung auf Neapolitanisch für die Deutung ihrer Träume. Einen Versuch ist es wert …

1 L’Italia / L’Italia / Italien
2 ’A piccerella / das kleine Mädchen
3 ’A gatta / die Katze
4 ’O puorco / das Schwein
5 ’A mana / la mano / die Hand
6 Chella ca guarda ’nterra / Quella che guarda a terra / die Scheide
7 O’ vaso e creta / Il vaso di creta / der Tontopf
8 ’A Madonna / La Madonna / die Muttergottes

9 ’A discennenza / La figliolanza / die Kinder
10 ’E fasule / I fagioli / die Bohnen
11 ’E suricille / I topolini / die Mäuse
12 ’E surdate / I soldati / die Soldaten
13 Sant’Antuono / Sant’Antonio Abate / der Hl. Antonius
14 ’O ’mbriacone / L’ubriacone / der Trunkenbold
15 ’O guaglione / Il ragazzo / der Knabe, Junge, Bursche
16 ’O culo / Il culo / der Hintern
17 ’A disgrazia / La disgrazia / das Unglück
18 ’O sango / Il sangue / das Blut
19 ’A risata / La risata / das Gelächter
20 ’A festa / La festa / das Fest
21 ’A femmena annura / La donna nuda / die nackte Frau
22 ’O pazzo / Il pazzo / der Verrückte
23 O’ scemo / Lo scemo / der Dumme
24 ’E gguardie / Le guardie / die Wachen
25 Natale / Natale / Weihnachten
26 Nannarella / Anna / die kleine Anni
27 ’O càntero / Il vaso da notte / der Nachttopf
28 ’E zizze / I seni / die Brüste
29 ’O pate d’e criature / Il padre dei bambini / der Kindesvater
30 ’E palle d’o tenente / Le palle del tenente / die „Eier“ des Leutnants
31 ’O padrone e casa / il padrone di casa / der Hausherr
32 ’O capitone / il capitone / der Aal
33 Ll’anne e Cristo / Gli anni di Cristo / Christi Zeiten
34 ’A capa ’e morte / il teschio / der Totenschädel
35 L’aucelluzzo / L’uccellino / der Vogel
36 ’E castagnelle / Le nacchere / die Kastagnetten
37 O’ monaco / Il monaco / der Mönch
38 ’E mazzate / Le bastonate / die Hiebe
39 A funa ’ncanna / La fune al collo / der Strick um den Hals
40 ’A paposcia / L’ernia / der Bruch
41 ’O curtiello / Il coltello / das Messer

42 'O ccafe' / Il caffè / der Kaffee
43 'A femmena fore 'o barcone / Donna al balcone / die Frau auf dem Balkon
44 'E cancelle / Le carceri / das Gefängnis
45 'O vino bbuono / Il vino buono / der gute Wein
46 'E denare / I soldi / das Geld
47 'O muorto / Il morto / der Tote
48 'O muorto che pparla / Il morto che parla / der sprechende Tote
49 'O piezzo 'e carne / Il pezzo di carne / das Fleisch
50 'O pane / Il pane / das Brot
51 'O ciardino / Il giardino / der Garten
52 'A mamma / La mamma / die Mutter
53 'O viecchio / Il vecchio / der alte Mann
54 'O cappiello / Il cappello / der Hut
55 'A musica / La musica / die Musik
56 'A caduta / La caduta / der Fall
57 'O scartellato / Il gobbetto / der Bucklige
58 'A mappata / Il fagotto / das Bündel
59 'E pile / I peli / die Haare
60 Se lamenta / Si lamenta / der Klagende
61 'O cacciatore / il cacciatore / der Jäger
62 'O muorto acciso / l 'assassinato / der Ermordete
63 'A sposa / la sposa / die Braut
64 'A sciammeria / La marsina / der Frack
65 'O chianto / il pianto / das Weinen
66 'E ddoje zite / Le due zitelle / zwei alte Jungfern
67 'O purpo rint'a chitarra / Il polipo nella chitarra / der Tintenfisch in der Gitarre
68 'A zuppa cotta / La minestra cotta / die Suppe
69 Sott'e 'ncoppa / Sotto sopra / drunter und drüber
70 'O palazzo / Il palazzo / das Haus
71 Ll'omme 'e mmerda / L'uomo di merda / der Scheißkerl
72 'A meraviglia / La meraviglia / das Wunder

73 'O spitale / L'ospedale / das Krankenhaus
74 'A rotta / La grotta / die Höhle
75 Pullecenella / Pulcinella / Pulcinella
76 'A funtana / La fontana / das Glück
77 'E riavulille / I diavoletti / die kleinen Teufel
78 'A puttana / La prostituta / die Hure
79 'O mariuolo / Il ladro / der Dieb
80 'A vocca / La bocca / der Mund
81 'E sciure / I fiori / die Blumen
82 'A tavula 'mbandita / La tavola imbandita / der geschmückte Tisch
83 'O maletiempo / Il maltempo / das Schlechtwetter
84 'A cchiesa / La chiesa / die Kirche
85 Ll'anema 'o priatorio / Le anime del purgatorio / die Seelen des Fegefeuers
86 'A puteca / La bottega / das Geschäft
87 'E perucchie / I pidocchi / die Flöhe
88 'E casecavalle / I caciocavalli / der Käse
89 'A vecchia / La vecchia / die alte Frau
90 'A paura / la paura / die Angst

TOTENKULT

Anders als zum Beispiel im weitläufigen Wien, wo für Friedhöfe schon immer reichlich Platz und Erdreich zur Verfügung stand, war in Neapel eine Erdbestattung wegen der geologischen Gegebenheiten von jeher schwierig. Die Stadt ist am Hang mehrerer Hügel erbaut, die zum größten Teil aus Tuffstein bestehen, der seit den Griechen im 3. Jahrhundert v. Chr. bis zum Jahr 1600 unmittelbar unterhalb der Stadt als Baumaterial für die darüber liegenden Gebäude abgebaut wurde. Dadurch entstanden riesige Höhlensysteme, die unter anderem als Ort für Bestattungen dienten.

Das Gebiet nördlich der Stadtmauern war deshalb aufgrund seiner Lage am Berg seit jeher ein Gräber- und Friedhofsviertel. Schon zu griechisch-römischer Zeit befanden sich dort die Grabstätten und Nekropolen. Erst durch das Zusammenwachsen mehrerer kleiner Vorstädte, die im 17. Jahrhundert, ungeachtet des Verbots der spanischen Könige, außerhalb der Stadtmauern zu bauen, entstanden waren, wurde dieses Viertel eine Wohngegend für die ärmere Bevölkerung, was es auch heute noch ist, nämlich das Quartier Sanità. Im 18. Jahrhundert ließ sich der König auf dem Gipfel dieses Berges (in capo al monte) ein Jagdschloss mit Blick über die ganze Stadt und den Golf erbauen: Capodimonte. Von da an begannen die Adeligen und Reichen ihre Paläste auf dem Hügel neben dem Schloss des Königs zu errichten. Heute ist dort inmitten prächtiger Parkanlagen das Museo Nazionale mit der königlichen Kunstsammlung „Farnese“ untergebracht. Rundherum befinden sich immer noch einst prächtige Villen und Patrizierhäuser, die heute leider oft bis zur Unkenntlichkeit heruntergekommen sind und eher wieder von einer ärmeren Bevölkerungsschicht bewohnt werden. Auch von der einst guten Luft, weswegen die Gegend „Sanità“ genannt wurde, ist leider nicht mehr viel zu spüren. Das Museo Capodimonte ist aber auf jeden Fall einen Besuch wert.

Museo e Gallerie Nazionali di Capodimonte
Seit 1957 ist in dem Palazzo ein staatliches Museum untergebracht, in dem neben der prächtigen Sammlung „Farnese" auch zeitgenössische neapolitanische Kunst zu sehen ist. Der 134 Hektar große Park, der dem König ursprünglich als Jagdrevier diente, umfasst einen historischen englischen, einen chinesischen und einen Landschafts- und Barockgarten. Spektakulär ist die Aussicht über den ganzen Golf!
Das Museum ist täglich (außer Mittwoch) von 8:30 bis 19:30 Uhr geöffnet.
Via Miano 2
80131 Napoli
Tel. 081/7499111
www.museocapodimonte.beniculturali.it

Dessen ungeachtet befinden sich auf dem Hügel von Capodimonte bis heute die größten Katakomben Neapels, die nach San Gennaro benannt sind. Der Eingang befindet sich neben der Kirche Madre del Buon Consiglio, einer Miniaturnachbildung des Petersdoms. Nach dem Tod brachte man die sterblichen Überreste des Stadtheiligen, die sich heute im Dom befinden, erst hierher. Die Ursprünge der Katakomben gehen jedoch bereits auf die römische Zeit zurück. Hier befindet sich auch das Familiengrab einer römischen Adelsfamilie aus dem 2. Jahrhundert n. Chr.

Unweit von hier liegt der Cimitero delgi Ignoti (Friedhof der Namenlosen), auch Cimitero delle Fontanelle (Friedhof der Schädelknochen) genannt. In den Höhlen eines alten Tuffsteinbruchs lagern Tausende und Abertausende von anonymen, aufeinander geschichteten Gebeinen. Man sagt, dass neapolitanische Frauen hier ihre vermissten Toten (Opfer der Camorra, Seefahrt oder Kriege) beklagen. In Wirklichkeit aber liegen hier auch die Gebeine mittelloser Menschen, welche sich keine Beerdigung leisten konnten, oder anonymer Pest- und Seuchenopfer. Auch ganz normale Menschen wurden hier in Ermangelung freier Gräber bestattet. Nur den Reichen war es möglich, sich noch bei Lebzeiten für viel Geld ein ordentliches Grab in der Nähe einer Kirche zu sichern. Aber selbst die Adligen wurden, wenn es gerade keine freien Gräber gab, aus der Not heraus oftmals bei Nacht und Nebel in die Höhlen zur letzten Ruhe gebettet. Im Laufe der Jahrhunderte kam man auf acht Millionen Gebeine, die aus Platzmangel oder infolge von Naturkatastrophen bis heute ständig umgebettet, umgeschichtet und aufgestapelt werden mussten.

Daraus entwickelte sich ein Totenkult, wie er in Europa seinesgleichen sucht. Betreut werden die Schädel und dazugehörigen Knochen seit Jahrhunderten von den im Rione Sanità ansässigen Menschen, sodass sich so etwas wie eine innige Beziehung zwischen ihnen entwickelt hat. Sie beten den jeweils von ihnen „adoptieren" Toten, auch „Anime pezzentelle" (Bettelseelen) genannt, an, bitten ihn gleich einem Heiligen um Hilfe und um so manchen Gefallen und versprechen ihm dafür, gut auf seine Knochen aufzupassen. Man bittet nicht etwa nur generell um Gesundheit und ein langes Leben, sondern auch um ganz konkrete Dinge wie einen sicheren Arbeitsplatz für den Mann, einen Ehemann für die Tochter, einen Lottogewinn für sich selbst, eine neue Wohnung, ein Auto, Kindersegen und vieles mehr. Dafür bettet man die Schädel auf selbst bestickte Taschentücher oder gar in kleine verzierte Schreine zur letzten Ruhe.

Berühmt wurde der Friedhof 1954 durch eine Szene mit Ingrid Bergmann in dem Film „Liebe ist stärker", ehe er 1969 vom Kardinal von Neapel aus Angst, der heidnische Kult könne überhand nehmen, geschlossen wurde. Aber das alles hat dem Glauben der Neapolitaner an ihre Toten keinen Abbruch getan. Und so wurde der Friedhof der Namenlosen 2010 wiedereröffnet.

Der Cimitero delle Fontanelle

Täglich von 10 bis 17 Uhr geöffnet. Eintritt frei!
Cimitero delle Fontanelle
Via Fontanelle 77
Tel. 081/19703197.
www.cimiterofontanelle.com

Übrigens: Wer geführte Sightseeingtouren einem einfachen Spaziergang durch die Stadt vorzieht, hat die Möglichkeit, über die Internetplattform www.getyourguide.it aus unzähligen Angeboten auszuwählen. Und natürlich gibt es auch in Napoli an jeder Ecke die Hop-on-Hop-off-Busse, die einen sicher und bequem samt Audioerklärung durch die Stadt geleiten.

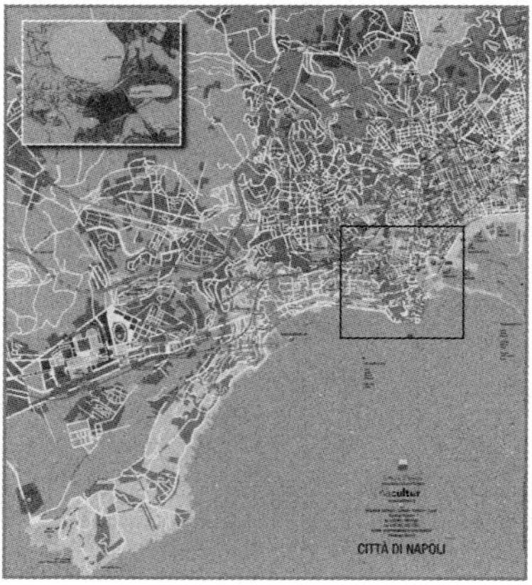

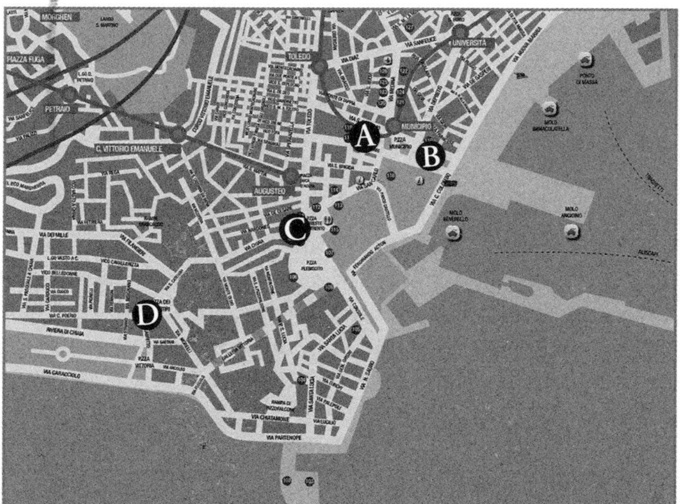

A *Comune di Napoli*
B *Teatro Mercadante*
C *Gran Caffè Gambrinus*
D *Palazzo delle Arti di Napoli (PAN)*

11.
PASSEGGIATA II

Kunst und Kultur auf Schritt und Tritt

Während ich mich gleich nach meiner Ankunft in der Stadt immer so rasch wie möglich ins Getümmel stürze, gehe ich den Tag darauf schon mit etwas mehr Muße an. Denn dann steht mir der Sinn danach, in das reiche Kunst- und Kulturangebot Neapels einzutauchen, das neben dem einzigartigen archäologischen Vermächtnis auch das ganze Jahr über mit unzähligen Ausstellungen, Museen, Konzerten, Theatern, Lesungen und vielem mehr lockt. Und so starte ich meinen ausgedehnten Spaziergang stets an der Piazza Municipio, wo sich im Palazzo San Giacomo das Rathaus mit seiner Kulturabteilung befindet. Der Kulturstadtrat Neapels, Nino Daniele, und sein Team von Experten stellen Jahr für Jahr ein interessantes und vielfältiges Kulturprogramm für die Stadt zusammen, über das man sich hier einen guten Überblick verschaffen kann. Wie zum Beispiel der Maggio dei Monumenti, bei dem auf Initiative der Aktion Napoli Porte Aperte ansonsten geschlossene Bauwerke und Kirchen für einen ganzen Monat geöffnet sind und besichtigt werden können, ähnlich dem Tag des Denkmals, wie es ihn in Deutschland und Österreich gibt. Der Mai steht außerdem jedes Jahr unter einem anderen Motto und wird jeweils einem großen Künstler, Schauspieler oder Philosophen und seiner Zeit gewidmet. Des

Weiteren gibt es die ArteCard, ein Kulturticket, mit dem man einen Rabatt oder gar freien Eintritt zu unzähligen Kulturstätten, Museen und Ausstellungen in ganz Neapel genießt.

Comune di Napoli
Palazzo San Giacomo
Piazza Municipio
80133 Napoli
Tel. 081/795IIII
www.comune.napoli.it

Am liebsten aber gehe ich ins Theater. Stücke in neapolitanischer Sprache liebe ich besonders. Hier zeigt sich die Volksseele am besten. An der Piazza Municipio nahe dem Hafen liegt das Teatro Mercadante, die erste Adresse für diese Art von Theater in Neapel. 1778 als Hoftheater für das Genre der Opera Buffa erbaut, ist es nur eines von vielen Theatern, die jemals an diesem Platz gestanden haben, der bereits seit der Zeit der Griechen als Ort für Spiele und Wettkämpfe belegt ist. Hier soll es seit jeher Volksbelustigungen und Barackentheater gegeben haben. Ab 1740 stand an dieser Stelle gar das von den Neapolitanern viel geliebte und legendäre Teatro San Carlino, das als volkstümliches Pendant zum 1738 gleich erbauten Hoftheater San Carlo gegründet wurde. Hier soll die Heimstatt des neapolitanischen Volkshelden „Pulcinella" gewesen sein. Nach Demolierung des Gebäudes im Zuge der Neuordnung dieses Stadtviertels am Hafen im Jahr 1884 übernahm dann das Mercadante die Rolle des neapolitanischen Volkstheaters. Ein weiteres, ebenfalls aus dem 18. Jahrhundert stammendes Etablissement, das auch heute noch in der Tradition der volkstümlichen neapolitanischen Komödien steht, ist das Teatro San Ferdinando an der Ponte Nuovo. Das Publikum ist weniger vornehm als in San Carlo, aber das Repertoire ist sehr interessant. Hier kann man sogar Stücke von Shakespeare auf Neapolitanisch sehen!

Teatro Mercadante
Piazza Municipio 74
80133 Napoli
Tel. 081/551 33 96
www.teatrostabilenapoli.it

Teatro San Ferdinando
Piazza Eduardo de Filippo 20
80133 Napoli
Tel. 081/292030
www.teatrostabilenapoli.it

Und auch die bildende Kunst kommt nicht zu kurz. So hat zum Beispiel die Banca Intesa Sanpaolo in der Via Toledo eine ihrer ehemaligen Kassenhallen in einem Palazzo aus dem 17. Jahrhundert zu einer Kunstgalerie umfunktioniert, wo man Werke bedeutender neapolitanischer Barockmaler wie Caravaggio, Luca Giordano oder Artemisia Gentileschi bewundern kann. Und auch im öffentlichen Bereich ist das Kulturangebot schier unermesslich – und zudem modern! Die Stazioni dell'arte bieten den Fahrgästen der Metropolitana in fünfzehn von internationalen Künstlern aufsehenerregend gestalteten Stationen zeitgenössische Kunst vom Feinsten. Besondere Begeisterung hat dabei die Stazione Toledo bei den Neapolitanern hervorgerufen. Ich erinnere mich noch genau daran, wie mein Bruder Antonio mich damals am Flughafen abholte, um mir ohne Unterbrechung eine Stunde lang in seinem Cinquecento ohne Klimaanlage im Stau quer durch die Stadt mit leuchtenden Augen und frenetischer Begeisterung jene damals neu eröffnete U-Bahn-Station zu schildern, nur um mich samt Gepäck und noch vor dem ersten „caffè" auf neapolitanischem Boden sogleich hinzufahren. Anfangs war ich noch sauer, um meinen geliebten Begrüßungskaffee gekommen zu sein. Jedoch musste ich zugeben, dass es beeindruckend war, die verschiedenen Blauschattierungen und das Bullauge an der Decke, durch welches das vom Grundwasser gefilterte Tageslicht schwach bis ins Erdinnere vordrang, zu sehen. Die Station wurde zu Recht von den internationalen Medien als schönste U-Bahn-Station Europas bezeichnet. Den „caffè“ und die Begrüßung haben wir dann natürlich nachgeholt.

Neapel scheint vor Kultur schier überzugehen! Zwei Quellen der Inspiration sind für den Neapolitaner, natürlich abgesehen von der Liebe, dabei seit jeher besonders wichtig: das Meer und der Vesuv. Ihnen zu Ehren haben Generationen von Dichtern Oden geschrieben und Heerscharen von Musikern Lieder komponiert. Der Neapolitaner hat einen sehr starken Bezug zum Meer. Es ist für ihn Ursprung seiner Lebendigkeit, aber auch seiner Melancholie. Als Quell der Freude und auch der Trauer ist es Symbol für Leben und Tod und erinnert ihn an seine Vergänglichkeit. Es gibt keinen Tag, an dem es den Neapolitaner nicht ans Ufer zieht und er nicht das Meer sehen muss. In der Tat sagte mir einmal ein neapolitanischer Tourist, ein freundlicher älterer Herr, der mich zufällig in der Wiener Innenstadt nach dem Weg gefragt hatte, auf meine Frage, wie ihm Wien denn gefalle, mit einem ehrlichen Ausdruck der Hoffnungslosigkeit: „Ja, es ist schön, aber … was macht ihr hier eigentlich ohne Meer?“

Wenn die Aussage auch etwas überraschend war, irgendwie konnte ich ihn verstehen. Auch ich bin, wenn ich gerade meine Familie in Neapel besuche, täglich am Meer. In der Früh schon ist mein erster Weg der zum Fenster. Mit Sehnsucht stoße ich nach der langen dunklen Nacht die Fensterläden auf und lasse die Sonnenstrahlen herein, die den Raum rasch mit Wärme und Licht füllen. Die Luft riecht frisch und salzig, und vor meinen Augen verschmelzen das Mittelmeer und der Himmel am Horizont zu endlosem Blau. Weiße Schiffe und Boote ziehen vorüber und die Inseln locken aus der Ferne. Herrlich!

Majestätisch thront der Vesuv über diesem prachtvollen Szenario und tut, was er bereits seit zweitausend Jahren tut: Er schläft. Auch ihm wurden schon Gedichte und so manches Lied gewidmet, wie eben das berühmte neapolitanische Volkslied „Funicolì' Funicolà'".

Nichts war dem Neapolitaner je zu banal, um es zu besingen und so seiner Lebensfreude Ausdruck zu verleihen. Eines der berühmtesten Lieder, die den Weg aus Neapel in die große weite Welt geschafft haben, ist zum Beispiel „O sole mio", das von Eduardo Di Capua 1898 während einer Tournee im verregneten Odessa geschrieben, dann von Enrico Caruso gesungen und später in den 1950er-Jahren als „It's Now or Never", von Elvis Presley interpretiert, einem breiten Publikum bekannt wurde. Weitere alte Lieder wie „Torna a Surriento" oder „A Marechiaro", die von der Liebe oder der schönen Landschaft rund um Neapel handeln, sind bis heute noch in aller Munde und werden von jedermann gerne gesungen. Ja, ständig pfeift oder trällert jemand bei der Arbeit oder auf der Straße diese Lieder vor sich hin. Unser Vater zum Beispiel, ein ansonsten seriöser Geschäftsmann, lässt sich keine Gelegenheit entgehen, um das ein oder andere Lied vor Publikum darzubringen. Ob bei einem Familienessen in einer Pizzeria, einem Volksfest während eines Wochenendausflugs oder – wie zuletzt – der Hochzeit unserer Schwester Elena, er schnappt sich das Mikrofon und verwandelt mit seiner Stimme und dem richtigen Pathos jeden beliebigen Raum in einen Konzertsaal. Das Publikum ist jedes Mal begeistert! Und obwohl es mir anfangs immer ein bisschen peinlich ist, muss ich doch zugeben, dass es mir eigentlich auch gefällt. Das Lied, welches er mit Vorliebe schmettert, ist, wie könnte es bei unserem Vater auch anders sein, Neapels Nationalhymne: „O sole mio". Viele haben diese Arie an die Sonne schon gesungen. Luciano Pavarotti, der große Opernsänger aus Modena, hat dieses Lied, perfekt interpretiert, oft als Zugabe auf seinen Konzerttourneen gegeben. Keiner jedoch hat diese Canzone napoletana je mit so viel Gefühl gesungen wie der unvergessliche Enrico Caruso. Denn er war Neapolitaner! Aus einer kinderreichen, armen Familie stammend, gelang es ihm dennoch, Gesangsunterricht zu nehmen und bereits mit 19 Jahren in San Carlo zu debütieren. Leider jedoch fühlte er sich von seinen Landsleuten nicht ausreichend geschätzt, weshalb er schwor, nie wieder in Neapel aufzutreten. Daran hielt er sich Zeit seines Lebens zwar, die Sehnsucht nach seiner Heimatstadt blieb ihm jedoch. Und genau das hört man, wenn er dieses Lied singt. Also, Ohren auf und lauschen Sie Enrico Carusos „O sole mio", ob auf Vinyl, CD, im World Wide Web oder ganz einfach tief drinnen in Ihrer Seele. So klingt Neapel!

ROMANTISCHER TIPP:

Das im von Paolo Tosti (Musik) und Salvatore di Giacomo (Text) geschriebenen Volkslied „Marechiaro" beschriebene Fenster (fenestrella), unter dem einst ein verliebter Mann die Schönheit eines Mädchens namens Carolina besang, ist auch heute noch zu sehen. Nämliches Haus liegt in einem kleinen, versteckten Borgo in Posillipo, der nur zu Fuß zu erreichen ist. Am besten lässt man das Auto oben an der Straße stehen und spaziert die enge, kurvige Gasse an hinter hohen Mauern verborgenen Villen und duftenden Gärten hinunter zum Meer. Am Ende der Straße liegt eine romantische kleine Bucht, die mit ihren bunten Fischerbooten und entzückenden Restaurants ein beliebtes Ausflugsziel für Liebespaare ist. Von hier hat man einen prächtigen Ausblick über den gesamten Golf und den Vesuv, der einen im Voraus für den beschwerlichen und steilen Rückweg reichlich entlohnt.

'A Fenestrella di Marechiaro
Calata del Ponticello a Marechiaro, 80123 Napoli

12.
GITE INTORNO A NAPOLI

Ausflüge rund um Neapel

IL MIGLIO D'ORO
Die Goldene Meile

Neapel ist eingebettet in eine paradiesische Landschaft. Die Fruchtbarkeit des Bodens am Fuße des Vulkans bringt das Land zum Erblühen, das milde Klima sorgt für eine üppige Vegetation, die Lage am Meer mit ihrem goldenen Licht und einem Panorama über den gesamten Golf bis hin zu den Inseln Capri, Ischia und Procida tut das Übrige. Kurzum, diese Gegend ist seit jeher so lebenswert, dass sie schon zur Zeit der alten Römer dicht besiedelt war. Das zeigten die Ausgrabungen von Pompeji und Herculaneum Anfang des 18. Jahrhunderts, im Zuge derer prächtige Villen mit weitläufigen Parkanlagen zutage gefördert wurden, die vom einst unbekümmerten Leben ihrer wohlhabenden Bewohner Zeugnis ablegen.

Die größte dieser Villen, die Villa dei Papiri, wurde 1750 in Herculaneum ausgegraben. Ursprünglich vermutlich vom Schwiegervater Caesars, Lucius Calpurnius Piso, erbaut, lag sie direkt an der Küste und war in vier terrassenförmig angeordnete Stockwerke gegliedert, die zum Meer hin abfielen. Ein 100 Meter langer Säulengang (Peristyl) mit einem 60 Meter langen Wasserbecken war gesäumt von unzähligen

Prächtige Villen säumten einst die Küste: der „Miglio d'Oro".

Bronzestatuen und Kunstgegenständen, die sich heute im Archäologischen Nationalmuseum Neapel befinden. Die wahre Rarität aber war der Fund von 1800 Papyrusrollen, der einzigen erhaltenen antiken Bibliothek in Italien(!), welcher die Villa ihren Namen verdankt. Die Villa dei Papiri ist für die Öffentlichkeit leider nicht zugänglich. Für alle, die sie dennoch sehen möchten, gäbe es da aber eine andere Möglichkeit …

1945 ließ der amerikanische Milliardär und Kunstsammler J. Paul Getty die Villa dei Papiri in Los Angeles (Kalifornien) als Museum für seine Kunstsammlung nachbauen. Das Getty Museum ist zwar keine hundertprozentige Kopie der römischen Villa, soll dem antiken Original jedoch sehr nahekommen. Zu sehen sind dort übrigens 44.000 Kunstgegenstände und Statuen aus griechischer, etruskischer und römischer Zeit, die Getty vorwiegend aus Raubgrabungen am Schwarzmarkt erstanden haben soll. Unwiederbringliche Schätze! Für mich als eingefleischte Europäerin der einzige Grund, vielleicht doch einmal meine Abneigung der „Neuen Welt" gegenüber (und meine Flugangst) zu überwinden und nach Amerika zu fliegen.

Parco Archeologico di Ercolano
Via Villa dei Papiri
80056 Ercolano
Tel. 081/7324321
Eintritt an jedem 1. Sonntag im Monat frei!
www.pompei.it

Die archäologischen Ausgrabungen rund um Neapel wurden übrigens von König Karl von Bourbon ins Rollen gebracht, nachdem 1738 bei der von ihm beauftragten Errichtung eines Palastes in Portici römische Relikte gefunden wurden. Der König war nämlich einige Jahre zuvor beim französischen Fürsten d'Elboeuf zu Besuch in Portici gewesen, wo dieser im Auftrag des habsburgischen Kaisers Josef I. als Kommandant der österreichischen Truppen stationiert war und sich 1711 auf dem Areal mehrerer landwirtschaftlicher Betriebe eine prächtige Villa hatte erbauen lassen. Dabei war er auf die Überreste antiker Mauern und jeder Menge Kunstgegenstände aus der Römerzeit gestoßen. König Karl und seine Frau Maria Amalia gerieten ob der Schönheit der direkt am Meer gelegenen

Die Ausgrabungen mitten in Ercolano.

Villa mit ihren prächtigen Gärten, den antiken Statuen und einer eigenen Thermalquelle (sogar mit heilender Wirkung!) derart in Verzückung, dass sie beschlossen, sich ebenfalls hier ein Schloss bauen zu lassen.

Das war die Geburtsstunde von Portici und des berühmten „Miglio d'oro", jener „Goldenen Meile", die im Laufe der nächsten Jahrzehnte entlang der Küste zwischen Portici und Torre del Greco durch den Bau von prächtigen Villen als Sommerresidenzen des neapolitanischen Adels und späteren Großbürgertums entstehen sollte. Man wollte einander an Größe, Eleganz und Extravaganz übertrumpfen und so wurden nur die berühmtesten Architekten ihrer Zeit, wie zum Beispiel Luigi Vanvitelli, Ferdinando Sanfelice oder Mario Gioffredo, für den Bau der im Rokoko und Neoklassizismus gehaltenen Paläste entlang der Küstenstraße engagiert. Die sanft zum Meer hin abfallenden Gärten Porticis voller Palmen, Feigen-, Orangen- und Zitronenbäume waren legendär. Und schon bald war diese Gegend so beliebt und frequentiert, dass 1839 auf der nur sieben Kilometer langen Strecke zwischen Neapel und Portici sogar die erste Bahnstrecke Italiens in Betrieb genommen wurde! Heute verbindet die vielen kleinen Orte am Fuße des Vesuvs die Bahnlinie Circumvesuviana.

Von diesem Ruf als königliche Sommerresidenz und Badeort des Adels zehrt Portici auch heute noch. Wer in Portici wohnt, zählt zum oberen Mittelstand. Unternehmer, Anwälte und Ärzte bilden die Bevölkerung. Hier ist der Verkehr ein bisschen geordneter, sind die Häuser etwas gepflegter und die Straßen eindeutig sauberer als im Zentrum von Neapel. Es gibt ausreichend Parks für die Kinder und das Städtchen ist, obwohl längst mit der Großstadt verwachsen, überschaubar. Ja, in Portici lässt es sich leben!

TIPPS:

Wenn mich Freunde in Neapel besuchen kommen und nicht allzu weit weg von mir, günstiger als im Hotel oder auch einfach nur nicht im chaotischen Stadtzentrum wohnen möchten, empfehle ich ihnen gerne eine kleine, aber feine Pension in Portici: das Bed & Breakfast Pietrarsa. Sie ist sehr zentral, aber etwas versteckt in einem ruhigen, mit Oleandern bepflanzten Wohnpark an der Via Leonardo Da Vinci gelegen. Sauber, modern und bequem eingerichtet, gehört sie einem jungen Steuerberater, der gleich nebenan sein Büro hat und außerdem auch im Haus wohnt. Frühstück gibt's in einer kleinen Bar um die Ecke und Parkplätze direkt vor der Tür. Die perfekte Unterkunft für alle, die mit dem Auto Neapel und seine Umgebung erkunden möchten. Besser geht es nicht!

B&B Pietrarsa
Viale Giotto 3
80055 Portici
Tel. 0340/890 88 86
www.facebook.com/bebpietrarsa/

Die 1738 als königlicher Sommersitz erbaute Reggia di Portici ist auch heute noch sehr gut erhalten, wahrscheinlich deshalb, weil sie eine Zeit lang sogar der offizielle Sitz des neapolitanischen Königshofes war. Sie kann besichtigt werden und beherbergt neben dem 1758 gegründeten „Herculanense Museum" heute auch das Agrarwissenschaftliche Institut der Universität Federico II Neapel. Hier ist 1999 übrigens die weltweit erste „Università del Caffè" gegründet worden. Außerdem gibt es noch eine Besonderheit: Der Königspalast von Portici verfügt, neben der Wiener Spanischen Hofreitschule, mit seinem „Galoppatoio Reale" im Palazzo Mascambruno über eine von nur zwei weltweit erhaltenen barocken Reithallen! Wie auch in Wien zelebrierte man schon seit dem 16. Jahrhundert am neapolitanischen Hof, wo die Gemahlinnen der Könige oft dem Geschlecht der Habsburger entstammten, das Dressurreiten von Pferden. Nur eines von vielen Zeichen der Verbundenheit zwischen Wien und Neapel.

Reggia di Portici
Via Università 100
80055 Portici
Tel. 081/2532013
www.centromusa.it

Für die anderen Paläste sah es jedoch in der Vergangenheit nicht so gut aus. Da nach der Aufhebung des Adels im Jahre 1946 viele Eigentümer nicht mehr in der Lage waren, für den Erhalt ihrer Villen zu sorgen, die im Zweiten Weltkrieg oft durch Bombardements und Plünderungen beschädigt worden waren, kam es in der Zeit nach dem Krieg zu wilden Immobilienspekulationen. Noch in den 1960er-Jahren des vorigen Jahrhunderts, so erzählte mir meine Tante, die Kunst studiert hat und der das Herz bei diesem Anblick daher besonders blutete, wurden in Portici die prächtigsten Barockpaläste abgerissen, ihre paradiesischen Gärten dem Erdboden gleichgemacht und durch moderne Wohnhausanlagen ersetzt.

Erst 1971 trat endlich ein Gesetz in Kraft, das der Zerstörung dieser wertvollen Kulturgüter Einhalt gebot und die einstigen Paläste unter staatlichen Schutz stellte, um sie vor weiterem Niedergang zu bewahren. Jedoch sind der Erhalt und die Restaurierung von solchen Baujuwelen für den stets bankrotten italienischen Staat kein leichtes Unterfangen. Viele dieser Ville Vesuviane wurden daher von ihren Eigentümern in Appartements unterteilt, vermietet oder gar verkauft. Mein Onkel und meine Tante, Zio Cenzino und Zia Antonietta, die ein kleines Obst- und Gemüsegeschäft am

Corso Garibaldi betreiben, wohnen zum Beispiel in einer solchen Wohnung. Im letzten Stock eines alten Palazzos mit ausgeschlagenen Stufen und verblassten Fresken gelegen, genießen sie einen Blick auf einen verwilderten Orangengarten, einen ausgetrockneten Springbrunnen und das Meer, an dessen Küste die viel frequentierte Bahnlinie in den Süden verläuft. Hier kann man die Pracht jener „goldenen Ära" heute noch ein wenig erahnen. Andere Gebäude wiederum, so wie jene allererste Villa an der Küste des Fürsten d'Elboeuf, befinden sich heute noch in einem mitleiderregenden Zustand. Mehr eine Ruine als ein Palast ist sie, direkt an den Bahngleisen gelegen, dem unaufhörlichen Verfall preisgegeben und macht alle paar Jahre durch auf die Bahngleise herabfallende Fassadenteile von sich reden. Ein anderes Gebäude, der 1776 errichtete Palazzo Lauro Lancellotti am Corso Garibaldi im Herzen Porticis, ist 2011, angeblich infolge eines Unwetters, überhaupt eingestürzt. Barocke Fresken fielen auf die Straße, Wandgemälde klafften ins Freie, steinerne Wappen wurden entzweigerissen. Wessen Verschulden war das? Man wird es wohl nie erfahren. Tja, Baugrund ist im teuren Portici auch heute noch wertvoll.

So lebt der „Miglio d'Oro" als liebevoll verklärte Erinnerung im kollektiven Bewusstsein der Menschen weiter, die hier leben und ihn bei kulturellen Anlässen gerne in Gedichten und Liedern zitieren, als wollten sie ihn und jenes „goldene Zeitalter" wieder heraufbeschwören. Eine Ahnung von der Pracht und dem wertvollen Kulturgut, das durch die wilden Grundstücksspekulationen der Nachkriegszeit verloren gegangen ist, vermittelt eine Fernsehdokumentation aus den 1960er-Jahren, in der noch Paläste zu sehen sind, die es heute schon längst nicht mehr gibt. Schauen Sie doch bei Interesse mal auf der bekannten Videoplattform vorbei und geben Sie „Napoli e il Miglio d'Oro – Ville vesuviane" ein. Die Doku ist allerdings auf Italienisch.

AUSFLUGSTIPP:

Nicht Teil des südlich von Neapel gelegenen Miglio d'Oro, aber ganz im Stil jener Zeit, ist die nördlich von Neapel befindliche Casina Vanvitelliana in Bacoli. Am Lago Fusaro befand sich einst eine ausgedehnte Sumpflandschaft, die als Jagdgebiet genutzt wurde. Ende des 17. Jahrhunderts ließen die Bourbonen auf einer kleinen Insel inmitten des Sees ein Jagd- und Lustschlösschen erbauen. Ursprünglich war die Insel nur per Boot zu erreichen, heute verbindet das Schloss eine kleine Holzbrücke mit dem Festland. Hier waren schon Mozart, Rossini und der Zar von Russland zu Gast. Das Gebäude diente oft als Filmkulisse. Unter anderem war es in einer Verfilmung von „Pinocchio" als das Haus der guten Fee zu sehen.

Casina Vanvitelliana
Samstag und Sonntag von 10 bis 20 Uhr geöffnet.
Piazza Gioachino Rossini 1
80050 Bacoli
Tel. 0338/ 106 9841
www.parcovanvitelliano.it

LE ISOLE – DIE INSELN
Capri, Ischia, Procida

CAPRI

Sanft schaukelnd gleitet das Traghetto über die Wellen, die Gischt peitscht am Bug hoch, blau glitzert das Meer in der Sonne – als plötzlich wie aus dem Nichts ein steiler Felsen aus dem Wasser auftaucht: Capri! Endlich …

Dieses kleine Wort weckt seit Jahrtausenden (spätestens aber seit Rudi Schurickes Lied „Capri-Fischer“) die Sehnsüchte der Menschheit! Diese Insel im Golf von Neapel ist von einer solch atemberaubenden Schönheit, dass, wer je das goldene Licht gesehen hat, in das sie getaucht ist, auf ewig verzaubert ist und immer wieder hierher zurückkehrt. Das ging schon dem römischen Kaiser Tiberius so, der einst entgegen aller Vernunft seinen bequemen Palast im weitläufigen, mit Wein gesegneten Ischia für die benachbarte, unwegsame Insel Capri verließ, wo er sich auf dem schroffen Felsen hoch über dem Meer seine Villa Jovis erbauen ließ. Und noch heute, so finde ich, sind die Fahrgäste nach Capri schon beim Ablegen der Fähre am Molo Beverello in Neapel erwartungsvoller und fröhlicher gestimmt als die auf den anderen Schiffen. Denn Magie liegt in der Luft!

Am schönsten finde ich einen Ausflug nach Capri im Herbst, kurz bevor das Meer zum Winter hin rauer und die Insel somit für die nächsten Monate nur schwer erreichbar wird. Um diese Jahreszeit sind die Touristenströme bereits abgeflaut und die Insel gehört wieder den Neapolitanern. Während der Sommermonate gibt es mittlerweile nämlich bereits so viele Besucher, dass der Zugang zur Insel zeitweise für Tagestouristen gesperrt werden muss.

Schon die Einfahrt in den Hafen Marina Grande mit seinen bunten Häusern ist sehenswert. Fischerboote, Yachten und jede Menge Fähren, die täglich Tausende Menschen vom

Festland auf die Insel bringen, liegen nebeneinander vor Anker. Von dort muss man dann mit der Funicolare weiter, um ins Zentrum der Insel zu gelangen. Allerdings bedeutet das, oft stundenlang zwischen deutschen, japanischen und amerikanischen Touristengruppen in der größten Hitze anzustehen. Um seine Erinnerungen an den Capri-Besuch also nicht durch ein solches Erlebnis zu trüben, lohnt es sich absolut, eines der recht teuren, aber originellen Capri-Taxis (meist Oldtimer-Cabrios aus den 1960er- und 1970er-Jahren mit darauf montierten Markisen!) zu nehmen. Die Fahrt über die kurvige Bergstraße bietet außerdem einen spektakulären Ausblick, und nach nur fünf Minuten und so manch waghalsigem Manöver des Taxifahrers ist man auch schon auf der Piazzetta, dem „Wohnzimmer" Capris.

Beim Aussteigen hat man erst einmal ein Déjà-vu, auch wenn man noch nie da gewesen sein sollte. Aber der Platz kommt einem gleich bekannt vor. Immerhin hatte er bereits in unzähligen Hollywoodfilmen seinen Auftritt, wie zum Beispiel in „Es begann in Neapel" mit Sophia Loren und Clark Gable, in dem Capri ja die eigentliche Hauptrolle spielt. Hier verkehren und verkehrten schon immer die Reichen und Schönen dieser Welt. Von zeitlosen Diven, die den Capri-Style mitkreiert haben, wie Jackie Onassis und Grace Kelly, über die vielen Hollywoodstars und unzähligen Starlets unserer Zeit, welche die Luxushotels der Insel und die schicken Boutiquen in der Via Camerelle bevölkern, bis hin zu den Großindustriellen und Millionären wie den Agnellis oder Swarovskis, welche die prächtigsten Anwesen auf der Insel ihr Eigen nennen und deren Yachten dort vor Anker liegen.

Wer jedoch die wahren Schönheiten Capris kennenlernen will, der sollte der Piazzetta so rasch wie möglich den Rücken kehren und sich dem eigentlichen Charme der Insel zuwenden. Denn erst fernab der Trampelpfade zwischen der Grotta

Azzurra, der Blauen Grotte, und der Villa des bekannten Arztes Axel Munthe auf Anacapri, für deren Besichtigung man, wie für jede andere Sehenswürdigkeit auf der Insel auch, stundenlang Schlange stehen muss, gelangt man über die steile Felsentreppe (umgeben vom betörenden Duft der Pinien) zu jenen Stellen, wo einem die wahre Attraktion der Insel die Sprache verschlägt: der prächtige Ausblick! Den hat man zum Beispiel vom Monte Solaro, Capris höchstem Punkt, auf den sich nur wenige Touristen wegen der damit verbundenen Anstrengung oder der Fahrt mit einem altmodischen Sessellift verirren, oder die etwas entlegenen Augustusgärten, von wo aus man den besten Ausblick auf die berühmten Felsformationen, die Faraglioni, genießt.

Villa San Michele

Die Villa liegt in Anacapri und war einstmals das Wohnhaus des schwedischen Arztes Axel Munthe (1857–1949), der hier mehr als 56 Jahre seines Lebens verbrachte. Als Modearzt der römischen Society und Leibarzt der schwedischen Königin hatte er stets illustre Gäste. Aber er half auch den Armen, als in Neapel die Cholera ausbrach, und behandelte die Bauern auf Capri unentgeltlich. Munthe verliebte sich mit 19 Jahren in die Insel, die ihn nie mehr loslassen sollte. Er kaufte ein Stück Land hoch oben am Fuße des Monte Solaro, auf dem sich eine verfallene Kapelle, eine Ruine und Weingärten befanden, und baute darauf seine Villa. Seinen Lebensabend verbrachte er wieder in seiner ursprünglichen Heimat Stockholm. In Gedanken jedoch war er stets auf seiner geliebten Insel und trug, allzeit zur Rückkehr bereit, stets eine Fahrkarte nach Capri bei sich. Leider sollte er diesen Ort nie wiedersehen. Seine Asche jedoch wurde im Mittelmeer verstreut. Heute ist das Haus ein Museum, von einem wunderschönen Garten umgeben, und bietet eine atemberaubenden Blick über den Golf von Neapel. Berühmt wurde Munthe durch sein in 50 Sprachen übersetztes Werk *Das Buch von San Michele* und den tragischen Umstand, dass er ausgerechnet an einem der schönsten Flecken dieser Erde sein Augenlicht verlor. Aber wahrscheinlich auch ein wenig deshalb, weil der deutsche Filmstar der 1950er-Jahre, O. W. Fischer, ihn einst so eindrucksvoll in einem Film verkörperte. An die Szene der Erblindung, in der Fischer schreit und um sich schlägt, denke ich bis heute mit Schaudern zurück.

Täglich 9 bis 18 Uhr geöffnet.
Viale Axel Munthe 34
800071 Anacapri
Tel. 081/837 14 01
www.villasanmichele.eu

Aber ich gebe zu, dass ich weniger eine Touristin als eine Genießerin bin. Ich arbeite nicht gerne To-do-Listen von Sehenswürdigkeiten ab oder vergleiche die Realität mit der Beschreibung im Reiseführer. Ich bilde mir gerne selbst meine Meinung und meinen Eindruck von einem Ort. Ohne Plan und Ziel tauche ich ganz in ihn ein und versuche, abseits von Trampelpfaden und Souvenirshops, seine wahre Seele zu ergründen. So auch auf Capri, wo ich meine Tage am liebsten mit ziellosem Lustwandeln durch die weniger bekannten Seitengassen mit ihren blühenden Gärten, Baden im Meer oder Faulenzen im Schatten einer Pinie verbringe. Falls die wenigen kleinen öffentlichen Strände wieder mal überfüllt sein sollten, ziehe ich mich zum Schwimmen auch gerne an den herrlichen Pool des inmitten eines traumhaften Gartens gelegenen Hotels Luna zurück, von wo man eine spektakuläre Aussicht aufs Meer genießt. Auch wenn man kein Hotelgast ist, so lässt einen der Cameriere (Kellner) an der Poolbar gegen eine kleine Konsumation gerne an den meist leeren Pool. Ich habe den Verdacht, dass er das nur tut, damit er dort nicht so einsam ist … Oder ich verbringe stundenlange Mittagspausen mit Freunden in einem kleinen Restaurant hoch über der Bucht, das die besten „Spaghetti alle vongole“ und einen fantastischen Blick über den Golf hat: La Terrazza Brunella.

Hotel Luna
Viale Giacomo Matteotti 3
80076 Capri
Tel. 081/837 0433
www.lunahotel.it

La Terrazza Brunella
Via Tragara 24
800076 Capri
Tel. 081/837 0122
www.terrazzabrunella.com

Der Sonnenuntergang ist nirgendwo so beeindruckend wie auf Capri. Wenn die Sonne glutrot im Meer versinkt, haben die meisten Touristen die Insel bereits mit der letzten Fähre verlassen, und Capri zeigt sich jetzt von seiner vielleicht schönsten Seite. Deswegen lohnt es sich, zumindest eine Nacht auf Capri zu verbringen. Denn am idyllischsten ist es, wenn es nach einem langen, heißen Tag in den Gassen wieder still wird, man ohne störenden Autolärm das Rauschen des Meeres und das Zirpen der Grillen hört, die Zitronenbäume ihren süßlichen Duft verströmen und der sternenklare Himmel sich schützend über die Insel spannt. Selten habe ich besser und tiefer geschlafen als auf Capri.

EINKAUFSTIPP:

Auf Capri einkaufen ist unnötig teuer. In Neapel bekommt man alles, was es hier auch gibt – nur viel billiger. Aber ein Geschäft sollte man sich nicht entgehen lassen: die Parfümerie „Carthusia". Hier werden Parfüms, Duftkerzen und Badeartikel aus den Blumensorten Capris hergestellt und tragen klingende Namen wie „Caprissimo" oder „Aria di Capri". Die Legende besagt, dass der Klosterprior 1380 anlässlich des Besuchs der Königin Johanna von Anjou große Sträuße mit den schönsten Blumen Capris machte. Als er die Pflanzen nach drei Tagen wegwerfen wollte, bemerkte er den wunderbaren Duft, den das Wasser angenommen hatte. So entstand angeblich das erste Parfüm Capris, das „Garofilium silvestre caprese".

Carthusia – I profumi di Capri
Neben der Zentrale in der Via Li Curti 2 betreibt die Firma Carthusia ob der großen Nachfrage noch sechs weitere Stores auf Capri, unter anderem in Anacapri und Marina Grande. Der bekannteste ist jedoch jener in der nobelsten Einkaufsstraße der Insel – von den vielen Filialen weltweit ganz zu schweigen. Ob da wohl noch alle verarbeiteten Blüten aus Capri stammen?
Via Camerelle 10
800073 Capri
Tel. 081/8370529
www.carthusia.it

Was noch einzigartig ist an Capri: ein ganz spezielles Dolce, die Torta Caprese – ein süßer Traum aus Mandeln und Schokolade. Sozusagen die Sachertorte Neapels! Und so wie die Sachertorte bei Familienfesten in Wien auf dem Tisch nie fehlen darf, so gibt es bei unseren neapolitanischen Familienfeiern zumindest eine Caprese.

TORTA CAPRESE

Zutaten:

300 g geriebene Mandeln
170 g weiche Butter
170 g Kristallzucker
4 Eier
200 g dunkle, geschmolzene Schokolade (70 %)

Zubereitung:

Butter und Zucker schaumig rühren. Dann das Eigelb hinzufügen und weiterrühren. Die geriebenen Mandeln und die geschmolzene Schokolade beimengen. Zum Schluss das zu Schnee geschlagene Eiweiß vorsichtig unterheben. Die Masse in eine ausgefettete und bemehlte flache Tarteform gießen und ca. 40 Minuten bei 160 °C backen. Nach dem Abkühlen mit Staubzucker bestreuen und noch lauwarm essen!

Die beste Caprese, aber natürlich auch viele andere Köstlichkeiten, gibt es in der Pasticceria Buonocore. Hierher mache ich immer einen Abstecher. Köstlich ist auch das hausgemachte Eis und, eine besondere Spezialität des Hauses, die täglich selbst gemachten Waffeltüten, deren Zubereitung die ganze Straße mit einem herrlichen Duft erfüllt. Also, immer der Nase nach!

Pasticceria Buonocore
Via Vittorio Emmanuele 45
80076 Capri
Tel. 081/837 78 26

Esel gehören auf Ischia immer noch zum Landschaftsbild.

ISCHIA

Ischia ist das glatte Gegenteil von Capri, weniger lieblich, rauer und irgendwie normaler. Während Capri wie eine einzige Bühne und die Menschen wie Schauspieler in einem großen Theaterstück wirken, ist das Leben auf Ischia eher schlicht. Hier gibt es keine Hektik und kein gesellschaftliches Treiben. Selten verirrt sich ein Prominenter auf die Insel. Das Leben hier ist nicht schick genug. Hierher kommt ausschließlich, wer Ruhe und Erholung sucht. Die Isola verde ist nämlich ein Kurort und vor allem wegen ihrer Thermalgärten weltberühmt.

Ischia ist die größte Insel im Golf und liegt weiter als ihre kleinen Schwestern vom Festland und somit von Neapel entfernt. Das führt dazu, dass das Leben hier abgeschiedener und auch eigenständiger verläuft. Wie Procida ist sie eine vulkanische Insel und gehört zu den phlegräischen Feldern. Daher gibt es hier jede Menge Thermalquellen, die insbesondere für ihre heilungsfördernde Wirkung bei Rheuma, Atemwegs-erkrankungen und Frauenleiden bekannt sind. Die wahrscheinlich berühmtesten Thermalanlagen Ischias sind die Poseidon-Gärten mit ihrer prächtigen Gartenlandschaft.

Nur noch prächtiger sind die Negombo-Gärten, die Mitte des 20. Jahrhunderts vom Botaniker Luigi Silvestro Camerini künstlich angelegt wurden. Er pflanzte 500 exotische Pflanzen und schuf künstliche Wasserläufe, die sich heute wunderbar mit der natürlichen Landschaft verbinden.

Aber anders als auf dem bloß 10 km^2 kleinen Capri, das alle Waren mühsam importieren muss, kann sich Ischia selbst erhalten. Hier wird auch Landwirtschaft betrieben. Auf der 46 km^2 großen Insel werden Wein, Tomaten, Zitronen, Feigen, Granatäpfel und Dattelpalmen angebaut sowie Kaninchen gezüchtet. Die Wildkaninchen werden nur mit feinsten Kräutern gefüttert und können sich frei auf der Insel bewegen, was ihr Fleisch als Delikatesse sehr begehrt macht.

Die herbe und weitläufige Landschaft hat Ischia zu einem beliebten Drehort für die Filmindustrie gemacht. Per Homepage vermarktet sich die Insel und preist sich höchst professionell und in mehreren Sprachen als Filmkulisse an. Hier wurden viele berühmte Filme, wie Billy Wilders „Avanti, avanti" mit Jack Lemmon, „Cleopatra" mit Liz Taylor und Richard Burton oder „Nur die Sonne war Zeuge" mit Alain Delon gedreht. Und seit 2003 hat die Insel sogar ein eigenes Filmfestival, zu dem regelmäßig auch internationale Stars aus dem Filmbusiness kommen.

Ischia ist wahrscheinlich *der* ideale Urlaubsort für Menschen mit vom Alltagsstress überreizten Nerven. Und in der Tat hat mir eine ältere Dame, die ich aus unserem Urlaubsort im Cilento kenne, Signora Pina, berichtet, dass die von ihr alljährlich absolvierten Thermalkuren auf Ischia förmlich Wunder wirken.

Der Großteil der Gäste Ischias stammt aus Neapel, aus Süditalien, aber auch aus aller Welt. Wer auf der Insel urlaubt, kommt vornehmlich zur Kur. Dementsprechend dreht sich hier auch alles ums Baden.

Albergo della Regina Isabella

Das einzige 5-Sterne-Hotel Ischias wurde einst 1956 vom Verleger und Filmproduzenten Angelo Rizzoli gegründet. Bis heute bewahrt es den Charme der 1950er-Jahre und zieht seither Künstler aus aller Welt an, die die Diskretion und Abgeschiedenheit der Insel zu schätzen wissen. Zu den Gästen zählten bereits: Richard Burton, Liz Taylor, Maria Callas, Alberto Sordi, Francis Ford Coppola, Oliver Stone, Sting und viele andere.

Piazza Santa Restituta 1
80076 Lacco Ameno – Ischia (Na)
Tel. 081/994322
www.reginaisabella.com

Bagno Antonio

Der beliebteste Badestrand Ischias in zentraler Lage nahe dem Porto war bereits Kulisse für so manchen Film. Hier trank schon Alain Delon 1960 im Film „Nur die Sonne war Zeuge“ den ein oder anderen Aperitif, ebenso wie sein Nachfolger Matt Damon, der die Hauptrolle im Film „Der talentierte Mr. Ripley“ 40 Jahre später verkörperte.

Lungomare Cristoforo Colombo 34
800070 Ischia/Porto

Prozession auf Procida

PROCIDA

Die Dritte im Bunde ist Procida. Wie ein schwimmender Garten liegt sie inmitten des Meeres. Blühende wilde Haine und duftende Zitronen- und Orangenwälder betören die Besucher mit ihrer üppigen Pracht. Procida ist die kleinste von den drei Inseln. Wie Ischia ist sie vulkanischen Ursprungs. Bekannt ist die Insel für ihre Karfreitagsprozession, deren Ursprünge bis in das Jahr 1627 reichen. Sollten Sie also zu Ostern einmal in Neapel sein, planen Sie am Karfreitag unbedingt einen Besuch auf der Insel ein.

Procida ist vom Massentourismus verschont geblieben. Nicht zuletzt, weil hier bis vor einigen Jahren ein Gefängnis war. Es war erst in einem mittelalterlichen Kastell und dann in einem angebauten modernen Gebäude untergebracht und galt bis zu seiner Schließung 1988 als sicherstes Gefängnis Italiens.

Hier gibt es keine Hotels. Wer bleiben will, kann in einer der vielen Privatpensionen unterkommen und so Land und Leute aus nächster Nähe kennenlernen. Und genau das macht für mich den Reiz der Insel aus. Hier fühle ich mich immer ein bisschen wie in meiner Kindheit, als Süditalien noch weniger schick, erdiger und ursprünglicher war. Doch erfreulicherweise konnten selbst Tourismus und Internet der Natürlichkeit und damit der Schönheit Procidas keinen Abbruch tun.

Auch Procida war aufgrund der Ursprünglichkeit seiner Landschaft schon Schauplatz vieler Filme. Der schönste Streifen, der jemals auf dieser Insel gedreht wurde und der rauen Landschaft Procidas sowie ihren ebenso rauen Menschen ein Denkmal setzte, war „Der Postmann" (Il Postino) mit Philippe Noiret, Maria Grazia Cucinotta und Massimo Troisi. Troisi war ein außergewöhnlicher neapolitanischer Schauspieler, Regisseur und Poet, der es wie kein anderer verstand, die Wirklichkeit und Verletzlichkeit der neapolitanischen Seele zu portraitieren. Dieser Film kostete ihn das Leben. Nur einen Tag nach Beendigung der Dreharbeiten verstarb er infolge der übermäßigen Belastung an einem Herzinfarkt, dem er aufgrund einer angeborenen Herzmuskelschwäche erlag. Der Film hat ihn überlebt und zählt in und außerhalb von Italien längst zu den ganz großen Kultfilmen unserer Zeit.

Bar Graziella

In Marina di Corricella wurden im Borgo dei Pescatori (Fischerhafen) viele Szenen des Films „Il Postino" gedreht. Unter anderem befindet sich hier auch jene Bar, in der sich die Figur Mario Ruoppolo (gespielt von Massimo Troisi) in die schöne Beatrice Russo (gespielt von Maria Grazia Cucinotta) verliebt. In Wirklichkeit heißt das Lokal „Bar Graziella" und ist bei den Fischern für seine Bodenständigkeit sowie seine Hausmannskost beliebt. Der Eigentümer, Don Vincenzo, war schon oft in Filmen zu sehen. Dennoch führt er, unbeeindruckt von seinem „Ruhm", die kleine Bar im Hafen ganz normal weiter. Besonders stolz ist er auf seine „Grattata di Limone", ein hausgemachtes Zitronensorbet mit Früchten aus Procida. Unvergleichlich!

Via Marina di Corricella 14
80079 Procida
Tel. 0333/802 9052

Hochzeit meiner Schwester an der Amalfiküste

Wenn man abends von einem solchen Ausflug heimkehrt und wieder am Hafen von Mergellina mit dem Aliscafo ankommt, wird einem die Diskrepanz zwischen der lauten und schmutzigen Großstadt Neapel, die wie ein Moloch alles und jeden verschlingt, und der umwerfenden Schönheit und Stille der Inseln, wo das Leben noch genauso beschaulich wie vor Tausenden von Jahren abläuft, erst bewusst. Und plötzlich versteht man, dass das Leben an der Küste einst genauso gewesen sein muss. Man begreift, weshalb die Griechen sich ausgerechnet hier niedergelassen haben. Und man durchschaut, was es mit den Sirenen auf sich hat, denen niemand – außer Odysseus – widerstehen konnte. Und das viele Tausend Jahre lang. Noch Goethe sprach in seinen Berichten von Neapel als einem Paradies, wo er sich als ganz anderer Mensch fühlte. Leider haben die Industrialisierung und das Internetzeitalter binnen nur hundert Jahren dieses Paradies auf Erden großteils zerstört. Und dennoch ist in Neapel, anders als in anderen Gegenden Italiens, noch immer sehr viel von „Arkadien“ zu spüren und zu sehen. Nicht zuletzt Dank seiner Inseln und der ebenfalls traumhaften Amalfiküste.

L'AMALFITANA – DIE AMALFIKÜSTE

Die Costa Amalfitana ist der Inbegriff Süditaliens und, wie könnte es anders sein, UNESCO-Weltkulturerbe! Die ganze Welt kommt jedes Jahr von April bis Oktober hierher, um dieses Panorama einmal im Leben selbst zu sehen, diese Küstenstraße einmal im Leben Kurve für Kurve selbst entlangzufahren und dieses Dolce-Vita-Feeling einmal im Leben selbst zu spüren. Unzählige Filme haben diesem felsigen Küstenabschnitt am Tyrrhenischen Meer zwischen Neapel und Salerno ein Denkmal gesetzt: In „Schach dem Teufel", wo Humphrey Bogart und Gina Lollobrigida in Ravello um ihre Liebe kämpfen, in „Only You", wo sich Marisa Tomei und Robert Downey Jr. auf der Suche nach der großen Liebe plötzlich in Positano wiederfinden und in „Unter der Sonne der Toskana", wo Diane Lane mit ihrem Latin Lover Raoul Bova eine Spritztour im Alfa Spider an die Amalfiküste macht. Noch mehr Klischee geht nicht.

Die Küstenstraße schlängelt sich zwischen Sorrent und Amalfi, mal höher, mal tiefer, auf den Felsen über dem Meer entlang. Gesäumt von vielen kleinen Ortschaften, die wie die Landwirtschaft dem Felsen abgerungen sind. Ihre Serpentinen sind gesäumt von einer über Jahrhunderte ausgeklügelten Kulturlandschaft und man genießt von hier einen Ausblick, der kaum atemberaubender sein könnte. Wer an der Amalfitana war, kennt das Paradies.

In der Hochsaison jedoch kann die schmale Küstenstraße auch schnell zur Hölle werden. Reisebusse aus aller Welt quälen sich dann im Schritttempo über die Serpentinen und bleiben in fast jeder Kurve hängen. Stundenlang steht man dann im Stau und sieht den fluchenden Busfahrern beim Manövrieren zu. Auf zwei Rädern ist man hier einfach am besten dran. Noch empfehlenswerter ist es, eines der Aliscafi zu nehmen, die als „Metrò del Mare“ Neapel mit den Orten an der Küste bequem verbinden.

Wie überall auf der Welt ist der Massentourismus in dieser Gegend teils Fluch, teils Segen. Einerseits hat sich die Region seit dem Bau der Straße und dem Zustrom der vielen Besucher stark entwickelt, andererseits leidet natürlich die Landwirtschaft darunter, die hier in einem dem Felsen abgerungenen Terrassensystem mühevoll am Leben erhalten wird.

An der Amalfiküste ist die Zitrone zu Hause, die spätestens seit Goethe Italien versinnbildlicht. Seit 2000 Jahren schon wächst diese Frucht im Golf von Neapel. Das beweisen römische Fresken in Pompeji, wo sie schon als Ornament an den Wänden der Häuser zu sehen ist. Die Frucht des immergrünen Baumes ist aber nicht nur Symbol, sondern auch eines der wichtigsten Agrarprodukte Süditaliens.

Nur in den schattigen Lauben an der Amalfiküste gedeiht die „Sfusato Amalfitano“. Als eine Sorte, doppelt so groß wie herkömmliche Zitronen, mit dicker Schale, süßem Fruchtfleisch und nahezu kernlos, ist sie die Grundlage für zahlreiche köstliche Rezepte. Beim Verkauf wird sie zum Nachweis ihrer Frische stets mit den Blättern angeboten und ist seit 2001 durch das territoriale Qualitätssiegel I.G.P. (Indicazione geografica protetta) geschützt.

Diese Zitronen werden bis heute mit viel Liebe zum Detail in den berühmten terrassenartig angelegten Gärten angebaut, die im Winter durch eine Pergola vor der Witterung geschützt werden. Die von Früchten schwer beladenen Äste werden an hölzerne Spaliere geflochten, wo die Zitronen in aller Ruhe bis zu einem Jahr reifen können. Geerntet wird händisch von Februar bis zum Sommer, je nach Lage erst die sonnigen, dem Meer zugewandten Hänge, dann die in den Gebirgstälern liegenden. Nach der Ernte werden die Früchte an den steilsten

Hochzeitsreise meiner Eltern nach Amalfi

Hängen oft mit kleinen, altmodischen Seilbahnen ins Tal transportiert, wo sie überall in Geschäften, an Obstständen oder von kleinen Apes herab verkauft werden.

Die „Sfusato Amalfitano" ist besonders fruchtig und enthält nur geringe Säure, weshalb sie als eine der köstlichsten Zitronen der Welt gilt. Allerdings ist sie nicht zum Massenexport bestimmt. Zu kostbar sind die im Schweiße des Angesichts geernteten Früchte, zu stolz sind die Menschen auf ihr Produkt, das ausschließlich entlang der Costa Amalfitana, d. h. zwischen Positano, Vietri sul Mare, Ravello und Amalfi, angebaut werden darf.

Aufgrund ihres extrem hohen Vitamin-C-Gehaltes und ihrer starken ätherischen Öle wird sie sowohl zu medizinischen Zwecken, zur Parfümherstellung als auch für den Limoncello, den berühmten Zitronenlikör, und für Erfrischungsgetränke verwendet. Außerdem finden Zitronen in der lokalen Pasticceria große Verwendung, wie in Desserts und Eis. Besonders gut kommen sie auch in pikanten Pastagerichten wie „Spaghetti al limone" zur Geltung, wofür ihre geriebene Schale verwendet wird.

LIMONCELLO

Viele neapolitanische Familien stellen ihren Limoncello auch heute noch selbst her. Meine Nonna hat stets ihren eigenen Limoncello in großen, runden Glasflaschen angesetzt. Man folgt dabei einem alten, aber einfachen Rezept, das immer gelingt. Wichtig ist nur eines: Verwenden darf man ausschließlich die „Sfusato Amalfitano"!

Zutaten:
Schale von 5 großen, unbehandelten Zitronen
der Sorte Sfusato Amalfitano
½ l Alkohol (90 %)
½ l Wasser
1 kg Zucker
1 Päckchen Vanillezucker

Zubereitung:
Die Zitronen dünn schälen, damit das Weiße, Bittere der Schale nicht in den Likör gelangt. Dann die Zitronenschalen in ein Gefäß geben, mit dem Alkohol übergießen und eine Woche stehen lassen.

Die Mischung täglich umrühren und am 8. Tag durch ein dünnes Baumwolltuch filtern.

Dann einen aufgekochten und ebenfalls durch ein dünnes Baumwolltuch gefilterten Sirup aus Wasser und Zucker beimengen, in eine sterile Flasche gießen, luftdicht abschließen und 30 Tage ziehen lassen. Fertig!

Tipp:
Im Sommer schmeckt der Limoncello frisch aus dem Kühlschrank vorzüglich. Man kann ihn aber auch zum Garnieren von Eis und Obstsalat verwenden.

SORRENTO

Das Städtchen Sorrent ist der Ausgangsort der Amalfitana. Es liegt in traumhafter Lage von Zitronen- und Orangenhainen, umgeben von weißen Steilklippen und bietet eine fantastische Aussicht auf den gesamten Golf von Neapel und den Vesuv. Schon seit 2000 Jahren zieht es Besucher aus aller Welt an.

Der Name Sorrent geht auf den Mythos der Sirenen zurück, die hier durch ihren Gesang die Seefahrer verwirrt haben sollen. Der Legende zufolge konnte sich Odysseus, wie bereits erwähnt, ihrem Zauber entziehen, worauf sich die Sirenen ins Meer gestürzt und in die Felsen Li Galli verwandelt haben sollen.

Im 7. Jahrhundert v. Chr. von den Phöniziern gegründet, war Sorrent bereits in der Antike der Sommersitz von Aristokraten und Reichen. Seine Hochblüte erlebte es Ende des 19., Anfang des 20. Jahrhunderts als beliebter Erholungsort der internationalen Gesellschaft. Richard Wagner soll hier seinen „Lohengrin" geschrieben haben. Wie ihm allerdings angesichts so viel natürlicher Schönheit, strahlenden Sonnenscheins und mit so einem traumhaften Ausblick aufs weite blaue Meer eine solch düstere Musik einfallen konnte, ist mir schleierhaft.

Besonders stolz ist Sorrent darauf, der Geburtsort des bedeutenden italienischen Dichters Torquato Tasso (1544–1595) zu sein, dessen Geburtshaus sich im heutigen Hotel Tramontano befindet. Nach ihm ist auch der Hauptplatz von Sorrent benannt. Hier scheint die Zeit stehen geblieben zu sein. In den angrenzenden Hotels sind schon gekrönte Häupter, Millionäre und große Künstler abgestiegen. Enrico Caruso etwa soll Stammgast im Hotel Excelsior Vittoria gewesen sein, wo eine Suite nicht nur seinen Namen trägt, sondern auch noch bis heute mit seinen Gegenständen eingerichtet ist. Spektakulär ist nicht nur die Architektur des Hotels im Jugendstil, sondern vor allem der Ausblick von der Terrasse über den gesamten

Golf von Neapel und den gegenüberliegenden Vesuv! Heute zählt das Haus zu den führenden Hotels der Gegend.

Grand Hotel Excelsior Vittoria
Piazza Torquato Tasso 34
800067 Sorrento
Tel. 081/ 877 7111
www.excelsiorvittoria.eu

Im Kontrast dazu vermittelt der kleine Fischerhafen Marina Grande noch etwas von der Ursprünglichkeit Sorrents. Kleine Restaurants direkt am Wasser laden zum Verweilen ein. Jedes Jahr im August findet hier eine Prozession zu Ehren der Heiligen Jungfrau Maria statt, die mit Musik und Feuerwerk zum Hafen hinunter getragen und auf einem Boot aufs Meer hinausgefahren wird. Die Fischer erhoffen sich dadurch einen besonders reichen Fang. Auch hier hat Sophia Loren einen ihrer Filme gedreht, was in der kleinen Trattoria „Zi' Ntonio a Mare" am Hafen liebevoll mit Fotos dokumentiert wird.

Zi' Ntonio a Mare
Ein schwimmendes Restaurant im Hafen von Marina Grande. Hier gibt es zahlreiche Meeresspezialitäten, tolle Antipasti und hausgemachte Pasta (Scialatielli). Auch Pizza wird hier zubereitet.
Via Marina Grande 180
800067 Sorrento
Tel. 081/807 30 33
www.ristorantezintoniomare.it

Auch Sorrent ist, wie die gesamte Amalfiküste, bekannt für die prächtigen großen Zitronen. Viele typische Produkte werden hier deshalb aus „limoni" hergestellt: Neben dem schon erwähnten Zitronenlikör Limoncello gibt es hier Zitronenschokolade,

Familie De Luca macht einen Ausflug.

bunte Keramikartikel mit Zitronenmotiven oder Zitronenseife. Zu den weiteren Besonderheiten der Region zählen die Stickerei, das Kunsthandwerk (vor allem die Intarsien in Holz und Perlmutt sind berühmt), aber auch die Musik.

An Sorrent knüpfe ich auch noch andere Erinnerungen. Hierher führte mich einst meine Hochzeitsreise! Frisch verliebt und eng umschlungen, spazierte ich damals mit meinem frisch gebackenen Ehemann durch die Straßen dieses uralten Städtchens auf dem Felsen hoch über dem Meer. Unser Hotel, das Tramontano, war wie eine Loge, vor der sich die ganze Schönheit des Mittelmeers ausbreitete. Der Vesuv, die Inseln, das Meer – die Schönheit der Natur war so ergreifend, dass man sich ihr nicht entziehen konnte. Ich hätte den ganzen Tag nichts anderes tun können, als aufs Meer hinauszuschauen und das goldene Licht von Sonne, Himmel und Wasser in mich aufzusaugen. Mein Mann hingegen, ein Österreicher, war die ganzen zwei Wochen über damit beschäftigt, einen Golfplatz in Sorrent oder zumindest in der Nähe ausfindig zu machen. Er wollte sich der Tatsache, dass diese Stadt zwar über jede Menge Luxushotels, jedoch aufgrund ihrer geografisch etwas ungünstigen Lage über keinen Golfplatz verfügt, nicht beugen. Schlussendlich gab er auf und schüttelte nur noch den

Kopf mit den Worten: „Die Italiener sind ein einfaches Völkchen …“ Tatsächlich sind die Luft, das Klima und die Eindrücke in Sorrent so berauschend, dass man sich die ganze Zeit über wie in einem Traum wähnt. Nicht von ungefähr sind im Laufe der Geschichte viele Menschen nach Sorrent gekommen, geblieben und haben hier ihre Inspiration gefunden. So wurde beispielsweise der neapolitanische Komponist Ernesto De Curtis 1906 ausgerechnet auf der Terrasse des Tramontano zu seinem weltberühmten Lied „Torna a Surriento“ inspiriert. (Wundervoll interpretiert von Enrico Caruso!) Jenes Lied, das ich dank der „Hingerissenheit“ meiner Mutter bis heute als einziges auswendig am Klavier spielen kann. Und ich habe hier damals den Entschluss gefasst, Bücher über dieses wunderschöne Fleckchen Erde zu schreiben.

AUSFLUGSTIPP:

Wegen seiner günstigen Lage eignet sich das Hotel als Ausgangspunkt zu allen wichtigen Sehenswürdigkeiten der Umgebung und zu den Inseln. Besonders schön ist ein Ausflug zu den „Bagni della Regina Giovanna“, ein von hohen Klippen umgebenes Naturbassin, das durch einen Felsspalt mit dem Meer verbunden ist. Hier soll Johanna I. von Anjou, Königin von Neapel, mit ihren zahlreichen Liebhabern vergnügliche Bäder genommen haben. Heute ist die Bucht öffentlich zugänglich und Baden für jedermann erlaubt. Ein wahrhaft königlicher Genuss!

Imperial Hotel Tramontano
Via Vittorio Veneto, 1
80067 Sorrento (NA)
Tel. 081/878 25 88
www.hoteltramontano.it

POSITANO

Wer kennt nicht Positano?! Jenes kleine Fischerdorf, das äußerst malerisch an einem steil abfallenden Hang in einer kleinen Bucht liegt und eines der beliebtesten Postkartenmotive Italiens ist. Wenn man die Küstenstraße entlangfährt, kann man es leicht übersehen. Denn um Positano besichtigen zu können, muss man über eine kurvenreiche schmale Straße zum Ort hinunterfahren, wo es einen großen Parkplatz gibt. Hier lässt man sein Auto zurück und steigt die steile Treppe bis zur Piazzetta am Ufer zu Fuß hinab. Zugegeben, die Stufen von Positano haben es in sich (vor allem auf dem Rückweg!), aber wenn man schon mal da ist, sollte man sich diesen einzigartigen Ort unbedingt ansehen. Auch wenn es leider schon sehr touristisch ist, also nicht ganz so abseitig, wie man sich das manchmal wünschen würde.

Der kleine Strand in der Bucht war schon so oft der Protagonist in Hollywoodfilmen, dass man – ganz ähnlich wie auf Capri – das Gefühl hat, schon mal da gewesen zu sein. Nur dass man nicht wie in „Unter der Sonne der Toskana" mit Raoul Bova und seiner Familie alleine auf weiter Flur mitten am Strand bei einem Glas Wein und einem Teller Spaghetti gemütlich beisammensitzt, sondern von ungefähr 1 Million Touristen aus aller Welt auf gefühlt 1 Quadratmeter umzingelt ist und obendrein noch um einen Platz im Restaurant stundenlang anstehen muss.

Ansonsten ist Positano mit seinen vielen bunten Häusern, seiner mit Majolika verkleideten Kuppelkirche und den Fischerbooten ein beliebtes Fotomotiv. Es ist einer von vielen kleinen Küstenorten, die einst nur durch einen Fußsteig miteinander verbunden waren, den man den „Pfad der Götter" nannte.

Bekannt ist der Ort vor allem für sein Handwerk. Handgemachte Kleider, Blusen und Tücher aus Leinen und Spitze zählen zur hiesigen Tracht. Die „Antica Sartoria Positano" hat dieses alte Können wieder aufgenommen, mit modernen Details gekreuzt und daraus einen neuen, frischen Stil entwickelt. Die Kleider sind der Renner, werden mittlerweile gar nicht mehr in Positano selbst erzeugt und bereits in Boutiquen in ganz Süditalien vertrieben.

Antica Sartoria Positano
Piazza Amerigo Vespucci, 1
84017 Positano (SA)
Tel. 089/87 54 35
www.anticasartoriapositano.it

DON ALFONSO 1890
Wenn Sie schon in der Gegend sind, sollten Sie aber unbedingt einen Abstecher machen und das beste Lokal weit und breit besuchen. Im nahen Sant'Agata sui Due Golfi befindet sich der Gourmet-Tempel „Don Alfonso 1890". Der Padrone führt Sie gerne durch seinen beachtlichen Weinkeller, schließlich wird er ja der „Kellermeister Süditaliens" genannt. Inzwischen ist auch schon die nächste Generation der Familie Iaccarino am Werk, die das Restaurant seit einigen Jahren um ein Hotel, eine eigene Landwirtschaft und Kochkurse erweitert hat. Eine vorherige Anmeldung ist unbedingt zu empfehlen, wenn Sie nicht leer ausgehen wollen.
Montag und Dienstag ist Ruhetag.
Sant'Agata sui Due Golfi
Corso Sant'Agata 11
80061 Sant'Agata Sui Due Golfi (NA)
Tel. 081/878 00 26
www.donalfonso.com

AMALFI

Weiter geht es auf vielen Kurven entlang der steilen, felsigen Küste bis hinunter zum bekannten Seebad Amalfi, das der gesamten Küste und den berühmten Zitronen ihren Namen gibt. Es ist einer der wohl am schönsten gelegenen Kurorte Italiens. Die von den Römern bereits im 4. Jahrhundert am Ausgang einer tiefen Schlucht in einem natürlichen Hafen gegründete Stadt hatte aufgrund ihres vorteilhaften strategischen Standortes im Mittelalter große Bedeutung. Sie unterhielt rege Handelsbeziehungen mit dem Orient und gewann dadurch als Seerepublik Ansehen und Reichtum.

Ihre Blüte erlebte die Stadt im 10. und 11. Jahrhundert unter den Dogen von Amalfi, die begnadete Seefahrer waren, und sie hatte damals dieselbe Bedeutung wie die Seerepubliken Genua und Venedig. Aus dieser Zeit stammt auch der berühmte Dom mit seiner mosaikreichen Fassade, den man über unendlich viele Stufen erklimmen muss. Nachdem der Ruhm der Stadt mit der Zeit langsam verblasste, wurde sie im 19. Jahrhundert vom Tourismus entdeckt und ist seither wieder in aller Munde. Den Stolz und die Geschäftstüchtigkeit ihrer Vorfahren erkennt man noch heute in den Menschen. Nur mit dem Unterschied, dass sie heutzutage keine vorbeifahrenden Handelsschiffe mehr zur Kasse bitten, sondern Touristenbusse …

Im Palazzo San Benedetto, dem Rathaus, befindet sich das Museo Comunale. Dort wird die Tavola Amalfitana aufbewahrt, der erste Navigationskodex, der die Seefahrt bis ins 16. Jahrhundert regelte und bis heute Grundlage für alle späteren Werke der Navigationslehre ist.

Und noch eine Besonderheit hat diese kleine Stadt im tiefsten Süditalien aufzuweisen: den Premio Amalfi! Der europäische Preis für besondere Leistungen im Bereich der Soziologie und Sozialwissenschaften wurde 1987 erstmals von der Italienischen Gesellschaft für Soziologie an den Soziologen

Norbert Elias für sein Werk „Die Geschichte der Individuen" übergeben. Seither wurden regelmäßig viele weitere bedeutende europäische Denker und Wissenschaftler ausgezeichnet. Ein gutes Beispiel dafür, wie kulturhistorisch bedeutend Neapel und seine Umgebung für Europa und die ganze Welt sind.

Bedeutend ist Amalfi aber auch aus einem anderen Grund – zumindest für meine Familie. Mein Vater, der meine Mutter in den 1960er-Jahren auf Sizilien kennen und lieben gelernt hatte, wollte Mama beeindrucken und ihr die Schönheiten seiner Heimat zeigen. Immerhin galt es, ihr Herz zu erobern und ihre anfängliche Ablehnung der „Verbrecherstadt" gegenüber in Liebe umzuwandeln. Er führte sie also an die schönsten und romantischsten Orte, die Neapel für Verliebte zu bieten hat: das Chiostro Santa Chiara, die Certosa di San Martino, den Borgo Marinari, ja sogar auf den Vesuv! Aber Mama, eine emanzipierte Wienerin und Frau von Welt, die zuvor bereits fünf Jahre lang mit ihrer Schwester in Amerika gelebt hatte, war nicht so leicht zu beeindrucken. Also musste Papà schwerere Geschütze auffahren. Er fuhr mit ihr an die Amalfiküste, der, wie hinlänglich bekannt ist, im Allgemeinen niemand so leicht widerstehen kann. Er zeigte ihr Sorrent, führte sie in Positano zum Essen aus, aber erst als sie eng umschlungen an der wunderschönen Küste Amalfis spazieren gingen, soll sie „der Sage nach" seinem Charme erlegen sein. Ich denke, da ist etwas Wahres dran. Denn immerhin erblickte ich nur neun Monate und eine Blitzhochzeit später das Licht der Welt.

Die Amalfiküste geht eigentlich noch ein Stückchen weiter bis Vietri sul Mare, wo die berühmten und wunderschönen Majolika-Fliesen hergestellt werden. Nachdem wir aber Amalfi, das der Küste ihren Namen gegeben hat, gesehen haben, beenden wir hier unsere Reise. Natürlich könnte man sie fortsetzen

Meine Wiener Wohnung ist voll von Porzellan aus Vietri.

und käme aus dem Staunen nicht raus, denn jeder Stein ist hier Geschichte, jeder Winkel eine Welt für sich, hinter jeder Bucht entdeckt man etwas Neues. Doch wir wollen ja vor lauter Erschöpfung nicht so enden wie im berühmten Sprichwort „Neapel sehen und sterben" – was eigentlich soviel heißen soll, wie: Nur wer jemals Neapel besucht, hat alles im Leben gesehen. Nein, wir fahren stattdessen heim, um allen zu erzählen, dass man in Neapel das Paradies auf Erden gesehen hat!

EINKAUFSTIPP:

Es gehört zwar nicht mehr zur Provinz Neapel, sondern zu Salerno, aber wenn man schon mal in der Gegend ist, lohnt sich ein Abstecher ins nahe gelegene Vietri sul Mare. Hier schlägt das Herz der italienischen Keramikmanufaktur. Bunte Keramiken, Majolika und Fliesen, wie sie schon seit Hunderten von Jahren rund um Neapel verwendet werden, gibt es hier nicht nur zu sehen, sondern auch zu kaufen! Große Firmen verschicken Bestellungen auch verlässlich ins Ausland.

Ceramica Artistica Solimene (Vasen, Kunstgegenstände etc.)
Via Madonna degli Angeli 7, 84019 Vietri Sul Mare (Sa)
Tel. 089/210243

Solimene Ceramica (Fliesen und Kacheln)
Via Case Sparse - Località Fontana Vecchia
84019 Vietri Sul Mare (Sa)
Tel. 089/210188

AUSFLUGSTIPP:

Von Amalfi aus gelangt man über eine steile Bergstraße mit dem Auto nach Ravello, wo die Villa Rufolo steht, ein Palast aus dem 13. Jahrhundert, der wie seine terrassenförmig angelegten Gärten im maurischen Stil gehalten ist. Hier hat Boccaccio einst seinen „Decamerone“ geschrieben, in dem er dem Hausherren, einem reichen Geschäftsmann, ein literarisches Denkmal gesetzt hat. Und hier soll auch Richard Wagner 1880 die Inspiration für seine Oper Parsifal gefunden haben. In Ravello wird noch heute jährlich das Ravello-Festival, veranstaltet, das als eines der ältesten Musikfestivals Italiens

Anfahrt auf Capri

gilt und ursprünglich nur Wagner gewidmet war. Dem Besucher wird neben wunderbaren klassischen Konzerten und dem Schloss aber auch ein prächtiger Garten geboten. Unbeschreiblich ist das Gefühl der Ehrfurcht, das einen beim Durchschreiten der kühlen und duftenden Zypressenalleen erfasst und in purer Überwältigung mündet, sobald man vor dem spektakulären Ausblick über die gesamte Amalfiküste und dem blau glitzernden Mittelmeer steht. Das alles macht diesen Ort auch zu einer der beliebtesten Hochzeitslocations Süditaliens.

Villa Rufolo
Piazza Duomo
84010 Ravello (SA)
Tel. 089/85 76 21
www.villarufolo.it

GAMBRINUS
NAPOLI
1860

13.
UND ZUM SCHLUSS: UN CAFFÈ!

Per finire in bellezza

„Prendiamoci un caffè" ist in Neapel keine leere Floskel, sondern eine Geste wie ein herzlicher Händedruck, egal, ob zwischen Fremden, Bekannten oder Freunden. Kurz gesagt: Der Kaffee ist hierzulande nicht nur ein Getränk, sondern ein großer gesellschaftlicher Faktor.

Mehrmals am Tag nimmt man ihn, einmal an der Theke einer Bar mit Freunden, dann wieder gemütlich zu Hause mit der Familie, zu sich. Natürlich gibt es, wie bei der Pizza auch, unendlich viele Variationen davon. Aber wie es für den Neapolitaner nur eine Pizza, nämlich die Pizza Margherita, gibt, so gibt es für ihn auch nur einen „caffè" – den Espresso, der auch genauso (eilig) getrunken wird. Und deshalb meint man in Neapel wie im Rest Süditaliens mit dem Zuruf „Un caffè!" an den Barista immer und ausschließlich einen „kleinen Schwarzen". Der Cappuccino hingegen, der schon als kleine Mahlzeit gilt, wird in der Regel nur früh morgens zum Cornetto getrunken. Wer außer zum Frühstück (Gott behüte, womöglich noch nach dem Mittagessen!) einen Cappuccino bestellt, ist sofort als Tourist geoutet.

In Neapel gibt es an jeder Ecke echt guten Kaffee.

NAPOLI

Die Stadt ist bekannt für ihren hervorragenden Kaffee und ihre unzähligen Bars, die sich alle gegenseitig mit der Qualität ihres „caffè“ übertrumpfen wollen. Deshalb gibt es in dieser Stadt auch so viele kleine Röstereien, die mit großer Liebe und Professionalität ganz individuell an ihrem Produkt arbeiten. Aber es gibt noch eine weitere Besonderheit in Neapel: die Università del caffè! Ein richtiger Studienzweig an der Universität Federico II., der hier gegründet wurde und den man mit einem Master abschließen kann.

Ein besonders schöner Brauch, der viel über Neapel und das große Herz seiner Bevölkerung aussagt, ist jener des „caffè sospeso“ (der „aufgeschobene“ Kaffee). Eine Usance, die sich Anfang des 20. Jahrhunderts entwickelt hat, bei der man in der Bar nicht nur seinen eigenen, sondern auch einen weiteren Kaffee bezahlt, den der Barista später an einen Bedürftigen ausschenken soll. Luciano De Crescenzo fand in seinem gleichnamigen Buch die wunderbare Erklärung dazu: „Quando un napoletano è felice per qualche ragione, invece di pagare un solo caffè, quello che berrebbe lui, ne paga due, uno per sé e uno per il cliente che viene dopo. È come offrire un caffè al resto del mondo …“ Wenn also ein Neapolitaner gerade wegen irgendetwas glücklich ist, zahlt er nicht nur den Kaffee, den er trinkt, sondern auch einen zweiten für einen Kunden, der später ins Lokal kommt. Das ist wie Kaffeetrinken mit der ganzen Welt … Schöner könnte man es nicht sagen!

Während es in der Bar oft schnell gehen muss, nimmt sich der Neapolitaner zu Hause viel Zeit für seinen Kaffee. Er bereitet ihn nicht etwa per Knopfdruck in drei Sekunden in einer schicken Kapselmaschine zu. Nein! Er bedient sich einer alten, lieben Gewohnheit: der „caffettiera“, oft auch „Moka“ genannt. Jene kleine Kaffeemaschine aus drei Teilen, bei der man in den untersten das Wasser und in den mittleren, das Sieb, das Kaffeepulver gibt, ehe man die Maschine mit dem dritten Teil von Hand zuschraubt und sie auf den Herd stellt, um andächtig dem Zischen des aufsteigenden Espresso zu lauschen und sehnsüchtig dessen unvergleichlichen Duft einzuatmen, der bald die ganze Wohnung erfüllt. Die reinste Glückseligkeit!

Aber wohl keiner hat das Wesen des „caffè" so treffend beschrieben wie der von den Neapolitanern gleich einem Heiligen verehrte, große neapolitanische Dichter und Volksschauspieler Eduardo De Filippo (1900–1984): „Il caffè è la poesia della vita e oltre a farvi occupare il tempo vi dà pure una certa serenità di spirito." – Der Kaffee ist die Poesie des Lebens. Er ist nicht nur ein Zeitvertreib, sondern vermittelt einem auch einen gewissen Seelenfrieden.

Und auf den Punkt bringt die Beziehung des Neapolitaners zu seinem geliebten Kaffee wohl der berühmte neapolitanische Liedermacher Pino Daniele in seinem gleichnamigen Lied: „'Na tazzulella 'e caffè è l' oppio del popolo Partenopeo". Ein kleine Tasse „caffè" ist das Opium des parthenopeischen Volkes.

Ob wir Neapolitaner wohl deshalb unsere Stadt so verklärt sehen?

QUELLEN:

Alle Rezepte sind meinen eigenen vorangegangenen Büchern entnommen und gemeinsam mit einem Freund, dem ebenfalls aus Neapel stammenden Gastonomen Luigi Barbaro, der so wie ich seit über 30 Jahren mit seiner Familie in Wien lebt und die beiden ausgezeichneten neapolitanischen Restaurants „Pizzeria Regina Margherita“ und „Trattoria Martinelli“ führt, von mir entwickelt worden. www.barbaro.at

Elisabetta De Luca, De Luca kocht; Wien, Pichler Verlag, 2001

Elisabetta De Luca, De Luca's Bella Napoli; Wien, NP Verlag, 2003

Elisabetta De Luca, Mediterraneo; Wien, Styria Verlag, 2010

Weitere Bücher, die mir zur Inspiration für dieses Werk gedient haben und die ich sehr liebe, sind:

Luciano De Crescenzo, Così parlò Bellavista; Milano, Mondadori, 1977

Luciano De Crescenzo, Vita di Luciano De Crescenzo, scritto da lui medesimo; Milano, Mondadori, 1989

Luciano De Crescenzo, Il dubbio; Milano, Mondadori, 1992

Luciano De Crescenzo, Croce e delizia; Milano, Mondadori, 1993

Luciano De Crescenzo, Ordine e Disordine; Milano, Mondadori, 1996

Luciano De Crescenzo, Sembra ieri; Milano, Mondandori, 1997

Luciano De Crescenzo, Il tempo e la felicità; Milano, Mondadori, 1998

Luciano De Crescenzo, Il caffè sospeso, Milano, Mondadori, 2008

Besonders erwähnen möchte ich das kleine Büchlein „Album di famiglia", in welchem Luciano De Crescenzo ein liebevolles sowie amüsantes Portrait seiner Familie und gleichzeitig ein feines Sittenbild der neapolitanischen Gesellschaft und Kultur gezeichnet hat. Der Autor hat es mir seinerzeit bei meinem Besuch in seinem Arbeitszimmer mit der Widmung „Addirittura con amore" geschenkt. Was ich jedoch erst Jahre später durch Zufall in Erfahrung brachte: Dieses Buch war eine private Sonderedition des Künstlers und niemals im Buchhandel zu kaufen! Ich halte es seither in Ehren.

GRAZIE DI CUORE
a tutti coloro che mi hanno dato il loro supporto per la realizzazione di questo libro sulla mia città tanto amata: Napoli!

Chiaja Hotel de charme
Antica Casa Lecaldano Sasso La Terza

COMUNE DI **NAPOLI**
Assessorato alla Cultura e al Turismo

palazzo delle arti napoli

REGINA MARGHERITA
Barbato

ZEITTAFEL

Vor Christus

Im 8. Jh. beginnt in Süditalien die griechische Kolonisation. Im heutigen Raum Neapel entstehen die ersten Siedlungen zwischen dem heutigen „Castel dell'Ovo“ und den Hügeln auf Pizzofalcone. Der antike Name der Stadt war „Parthenope“ – nach der homerischen Sirene –, noch heute ein Synonym für Neapel.

6.–5. Jh. Die Griechen gründen „Neapolis“, die neue Stadt. Sie war eine Erweiterung der alten Stadt „Paläopolis“.

326–304 Neapel wird von den Samniten bedroht. Rom eilt zu Hilfe.

89 Den Einwohnern Neapels wird das römische Bürgerrecht erteilt.

Nach Christus

79 Beim Ausbruch des Vesuvs werden die Städte Pompeji, Herculaneum und Stabbiae zerstört und unter der Lava begraben.

476 Romulus Augustus, der letzte Kaiser des Weströmischen Reichs, stirbt im Castrum Lucullianum (dem heutigen Castel dell'Ovo). Byzanz erobert den Mittelmeerraum. Zerfall der politischen Einheit Roms.

536 Neapel wird von einem dem Kaiser Justinian I. von Byzanz getreuen Feldherrn erobert.

661–762 Periode der Byzanz getreuen Herzöge.

1127 Roger II. vereinigt die eroberten Gebiete Unteritalien und Sizilien.

763–1137 Neapel wird selbstständiges Herzogtum von Byzanz.

1137 Der Normannenkönig Roger II. erobert Neapel.

1194 Beginn der Periode der Hohenstaufer durch Heinrich VI.

1224 Die Universität von Neapel Federico II. wird von dessen Sohn Kaiser Friedrich II. gegründet.

1266 und 1268 Der für Papst Clemens VI. kämpfende Karl I. von Anjou besiegt die letzten Staufer.

1256–1268 Papst Clemens II. belehnt Karl von Anjou mit Sizilien. Karl übernimmt die Herrschaft über Süditalien. Neapel wird zur Hauptstadt.

1282 Die Anjou werden nach einem Volksaufstand, der sog. „Sizilianischen Vesper", aus Sizilien vertrieben.

1302 Sizilien fällt an Peter III. von Aragon.

1442 Neapel wird von Alfons v. Aragon erobert.

1443 Dieser wird vom Papst mit Neapel-Sizilien belehnt.

1504 Frankreich erkennt die Herrschaft Spaniens über Neapel an und Neapel wird als Vizekönigreich der spanischen Zentralgewalt für 2 Jahrhunderte unterstellt.

1509 Die Aristokraten und das Volk Neapels wehren sich erfolgreich gegen den Versuch der Spanier, die Inquisition einzuführen.

1532/1553 Neapel wird unter spanischer Herrschaft kontinuierlich baulich erweitert (Quartieri Spagnoli).

1547 und 1564 Nach Auseinandersetzungen zwischen spanischen Truppen und den Neapolitanern scheitern weitere Versuche der Spanier, die Inquisition einzuführen.

1647 Der von Masaniello angeführte Volksaufstand gegen die Spanier wird niedergeschlagen.

1656 Mehr als 30 Prozent der Bevölkerung fallen der Pest zum Opfer.

1688 Durch ein starkes Erdbeben sterben Tausende Neapolitaner.

1707 Die Österreicher besetzen im Spanischen Erbfolgekrieg Neapel.

1713 Neapel und Sizilien fallen durch den Friedensschluss von Utrecht an Österreich.

1720 Die Habsburger tauschen Sardinien gegen Sizilien ein und vereinigen es wieder mit Neapel.

1735 Neapel und Sizilien werden von Karl VI. an Karl von Spanien abgetreten.

1738 Beginn der Ausgrabungen in Herculaneum (Ercolano).

1743 Gründung der Porzellanmanufaktur in Capodimonte durch Karl III.

1799 Neapel wird (für ein halbes Jahr) von französischen Revolutionstruppen zur „Parthenopäischen Republik" proklamiert.

1806 Napoleons Bruder, Joseph Bonaparte, erhält Neapel und wird von Napoleon zum König gekrönt.

1815 Sein Nachfolger, Joachim Murat, wird hingerichtet. Neapel wird vom Wiener Kongress an König Ferdinand IV. zurückgegeben, der zuvor nach Sizilien geflüchtet ist. Er gründet 1816 das „Königreich beider Sizilien“ und regiert als König Ferdinand I.

1820 und 1848/48 Die reaktionär-absolutistische Herrschaft führt zu Revolutionen.

Nach der Vereinigung Italiens

1860 7. September: Einzug Giuseppe Garibaldis in Neapel. 21. Oktober: Die Mehrheit der Bevölkerung Neapels spricht sich für eine Vereinigung mit dem Königreich Italien (Sardinien-Piemont) aus. König Franz II. wird aus Neapel vertrieben.

1865 und 1885 Neapel wird von einer Cholera-Epidemie heimgesucht.

1885 Gesetzeserlass zur Sanierung der Elendsviertel.

1906 Vesuvausbruch.

1911 Eine Cholera-Epidemie bricht in Neapel aus.

1943 „Le Quattro giornate di Napoli“: Neapel wird 4 Tage lang von den Alliierten bombardiert, zahlreiche Gebäude werden zerstört. Die Deutschen versuchen, öffentliche Bauwerke zu zerstören, wogegen sich die Neapolitaner wehren. Die deutschen Besetzer verlassen Neapel.

1946 In einer Volksabstimmung spricht sich die knappe Mehrheit der Italiener für die Einführung der Republik aus, wobei die meisten Neapolitaner für den in Neapel geborenen König stimmen.

1950 Das Programm zur wirtschaftlichen Erschließung Süditaliens wird in Kraft gesetzt. Es bleibt bis 1984 bestehen.

Die jüngere Geschichte Neapels

1952–58 Bauspekulationen unter dem korrupten Bürgermeister Achille Lauro.

1973 Letzte Cholera-Epidemie in Neapel.

1975 Eröffnung der „Tangenziale“, einer Autobahn-Stadtumfahrung.

1980 Katastrophales Erdbeben in Kampanien, wobei 2700 Menschen sterben.

1986 Neapel SSC gewinnt zum ersten Mal nach 80 Jahren die italienische Fußball-Bundesliga. 7 Tage lang feiern die Neapolitaner in den Straßen. Am Friedhofstor wird ein Schild aufgehängt, auf dem die Toten bedauert werden, weil sie nicht dabei sein konnten.

1993 Antonio Bassolino (PDS – postkommunistische Partei) wird zum Bürgermeister Neapels gewählt. Unter ihm erblüht Neapel zu einer europäischen Metropole. Er setzt zahlreiche Verbesserungen und Neuerungen durch, die die Stadt der Welt öffnen sollen (Fußgängerzonen, Verkehrs- und Transportverbesserungen, touristische Attraktionen, Bekämpfung der Kriminalität etc.).

1994 Der Weltwirtschaftsgipfel G7 tagt in Neapel. Clinton, Chirac, Kohl u. a. besuchen die Stadt, die für diesen Anlass renoviert und verschönert wird. Neapel rückt wieder in den Blickpunkt der Öffentlichkeit.

2002 Die Metrostation Piazza Dante (Metro dell'Arte) wird eröffnet, womit sich das öffentliche Transportsystem wesentlich verbessert. Neapel wird „europäisch".

2011 Der für seine Arbeit gegen Korruption bekannte Staatsanwalt Luigi De Magistris wird Bürgermeister und gibt den Neapolitanern seither wieder Hoffnung auf eine Verbesserung der Lebensumstände in ihrer Stadt.